LES FRAGMENTS
DU
ROMAN
DE TRISTAN

TEXTES LITTÉRAIRES FRANÇAIS

THOMAS

LES FRAGMENTS DU ROMAN DE TRISTAN

POÈME DU XIIe SIÈCLE

édités avec un commentaire par
BARTINA H. WIND
professeur à l'Université d'Utrecht

GENÈVE
LIBRAIRIE DROZ
8, Rue Verdaine

PARIS
LIBRAIRIE MINARD
73, Rue Cardinal Lemoine

1960

Cette deuxième édition des *Fragments du Tristan de Thomas* diffère considérablement de la première, le format de la présente édition nous ayant imposé de sérieuses restrictions. Les chapitres d'introduction précédant le texte ont été résumés en un seul, mais nous les avons mis au point en ce qui concerne l'essentiel.

L'apparat critique a été simplifié ; cependant nous avons pu tenir compte des modifications proposées et des critiques faites dans les comptes rendus auxquels la première édition a donné lieu. Nous pensons particulièrement à MM. Misrahi, Ewert, Urban Holmes, au regretté Charles Rostaing et à Mlle Dominica Legge, dont les remarques nous ont été le plus profitables. Que ces auteurs trouvent ici l'expression de nos remerciements ; si nous n'avons pu suivre tous leurs conseils, ils nous ont toujours amenée à reconsidérer sérieusement les explications et les amendements adoptés.

Nous n'avons pu, dans cette édition destinée aux étudiants, mentionner tous les amendements proposés antérieurement, en particulier ceux de Bédier, basés en grande partie sur la versification. Nous ne donnons que les plus importants, ceux qui contribuent à l'intelligence du texte.

Le glossaire a été profondément modifié : seuls les mots dont le sens diffère du français actuel ont été conservés. Nous avons supprimé les formes sous lesquelles les mots et en particulier les verbes se présentent dans le texte, excepté là où il s'agit d'écarts significatifs. Nous ne signalons que les premières attestations des mots, mais ceci autant que possible dans des fragments différents.

Nous espérons que, sous cette forme nouvelle, le texte de cette belle légende sera plus facilement accessible aux étudiants.

B.H. W.

Utrecht, printemps 1960.

INTRODUCTION

Les manuscrits. — Les huit fragments du *Tristan* de Thomas nous sont parvenus en cinq manuscrits ; les manuscrits Douce (D.) et Sneyd (Sn. 1 et 2) se trouvent actuellement à la bibliothèque Bodléienne d'Oxford, le manuscrit de Turin (T. 1 et 2), s'il existe encore, est introuvable,[1] le manuscrit de Strasbourg (Str. 1, 2, 3) a été brûlé en 1870 et, enfin, le petit manuscrit de Cambridge (C.), sans doute le plus jeune, est conservé dans la bibliothèque de cette ville.

Nous avons exposé dans notre première édition, à laquelle nous renvoyons (p. 1-6), pourquoi Sneyd nous paraît le manuscrit le plus important : il a moins d'incorrections que Douce. Si nous suivons ce dernier pour le fragment de la fin du poème, c'est qu'il donne un texte suivi sur une longueur de 1818 vers. Le fragment intitulé *Le Mariage,* ne se trouve que dans Sn. 1 ; le dernier fragment de la *Fin* n'appartient qu'à Sn. 2. Les deux manuscrits sont anglo-normands, ils ont quelques fautes communes ; elles ne suffisent pas, à notre avis, pour faire admettre qu'ils dépendent l'un de l'autre. Le ms. Sneyd date probablement du XIIe siècle, Douce de la fin du XIIe ou du début du XIIIe siècle.

Le ms. de Turin, que nous donnons d'après l'édition diplomatique de Novati[2], se compose de deux parties.

---

[1] Les recherches faites tant en Italie et en France qu'aux Etats-Unis sont restées sans résultat jusqu'ici, mais elles se poursuivent.

[2] *Studi di filologia romanza,* Roma 1887.

dont l'une, sur une étendue de 250 vers, fait double emploi avec D ; Novati a établi que D. et T.2 n'appartiennent pas à la même famille. T. est sans doute du XIIIe siècle. T.1 nous fournit l'épisode de *la Salle aux Images.*

Le ms. de Strasbourg se composait de trois fragments. Str. 1 décrivait le *Cortège de la Reine,* tandis que Str. 2 et 3 coïncidaient avec des passages de D. (cf. v. 217-222, 343-417 et 513-582). Ce manuscrit datait, croit-on, du XIIIe siècle et ne présentait pas de particularités dialectales apparentes. Nous donnons le texte d'après l'édition de Francisque Michel. Cambridge nous donne, dans un fragment de 52 vers, l'épisode des adieux dans le verger.

Le poème de Thomas a été édité par Francisque Michel[3] et par Joseph Bédier[4], avec reconstruction des parties perdues d'après les renseignements connus (à savoir les cinq dérivés de Thomas : la *Saga* norvégienne, le poème de Gottfried von Strassburg, *Sir Tristrem,* la *Folie Tristan* d'Oxford et la *Tavola ritonda*) : nous avons donné une première édition des *Fragments* (Brill, 1950).

Etablissement du texte. — Notre édition reproduit autant que possible les leçons des manuscrits, ceci sans égard pour la versification : nous croyons que les scribes, connaissant mal la versification octosyllabique, qui fut peut-être celle de l'auteur, ont tâché

---

[3] Francisque Michel, *Tristan, Recueil de ce qui reste des poèmes relatifs à ses aventures,* Londres-Paris, 1835, tome III.

[4] *Le roman de Tristan par Thomas,* poème du XIIe siècle, publié par Joseph Bédier, Paris, 1902. S. A. T. F.

d'introduire un rythme plus familier à leur oreille.[5] Nous donnons donc les vers tels qu'ils sont, sans aucune indication quant à l'hiatus ou à la diérèse. Bédier qui avait la conviction que le poète a écrit en octosyllabes a dû, pour que le texte répondît aux exigences de cette versification, amender plus de la moitié des vers. Quant à nous, nous avons préféré soumettre au lecteur les vers peut-être altérés du XIIIe siècle, plutôt que des vers restaurés du XXe.

Pour la langue aussi, nos conceptions tendent vers le plus grand conservatisme admissible. Nous éliminons ou corrigeons ce qui paraît impossible ou improbable, vu la rime ou la forme des mots dans d'autres vers. Dans l'incertitude où nous sommes quant au genre des mots, surtout lorsqu'ils commencent par une voyelle, nous corrigeons le genre avec une extrême prudence. Comme la déclinaison est déjà fortement ébranlée dans les ms. et sans doute aussi dans l'original, là encore, nous intervenons le moins possible ; par suite de nos hésitations sur la versification, il est évident que le soutien du rythme nous manque.

Là où cela est possible, nos amendements sont basés sur une comparaison avec un autre manuscrit et nous en rendons compte dans l'apparat critique. Nous signalons les corrections proposées antérieurement quand elles contribuent à l'interprétation du texte ou le modifient ; mais nous ne reproduisons pas les modifications peu importantes, à savoir celles qui sont simplement grammaticales ou orthographiques, ou qui s'imposent par le contexte.

---

[5] Bartina H. Wind, *Quelques remarques sur la versification du Tristan de Thomas, Neophilologus,* XXXIII, avril 1949, p. 85.

Nous nous sommes abstenue de remarques d'ordre littéraire.

Les graphies. — L'étude des graphies[6] nous renseigne sur la prononciation anglo-normande de l'époque des scribes et indirectement parfois sur celle du poète. La conclusion à laquelle nous sommes arrivée, c'est que le poète a voulu écrire dans le français littéraire du continent, mais qu'il a connu les particularités du parler anglo-normand, qu'elles lui aient appartenu en propre ou non. Il a voulu sans doute les écarter de son œuvre, quelques-unes lui ont échappé cependant.

Le poète. — Thomas était probablement un clerc (cf. T.[1], v. 146 et 147, Sn.[1], v. 291, D. v. 1334), à preuve son rationalisme influencé de rhétorique, ses syllogismes conformes aux règles et son style qui suit les lois de l'ornatus facilis ; il connaissait la *Disciplina clericalis* (Sn. 1, v. 760 ss.). Cependant son sujet s'accordait peu avec l'attitude du clerc au sens d'homme d'église. Il a connu les milieux courtois et avait un penchant marqué pour les analyses psychologiques teintées de préciosité. L'originalité du poète est dans la présentation du sujet ; c'est par là qu'il est courtois, non par le thème, qui est tragique. La « courtoisie » de Thomas a été remise en question dernièrement ; à notre avis, l'opposition traditionnelle : version courtoise (Thomas), version commune (Béroul) est à maintenir avec certaines corrections.[7]

---

[6] Cf. 1re éd. des *Fragments*, p. 39.

[7] Cf. P. Jonin, *Les personnages féminins dans les romans français de Tristan au XIIe siècle*, Aix-en-Provence, 1958 ; et Bartina H. Wind, *Les éléments courtois dans Béroul et dans Thomas*, art. à paraître dans *Rom. Philol.*, août 1960, p. 481 ss.

Tout en étant de France sans doute, il a vécu en Angleterre : l'éloge de Londres, les noms anglais et le caractère anglo-normand de la plupart des manuscrits semblent le prouver. A-t-il vécu à la cour d'Aliénor ? Lui a-t-il dédié son œuvre ? Certains savants en sont persuadés ; [8] en tout cas, l'étude de la langue ne donne aucune contre-indication. Personne ne songe plus actuellement à identifier Thomas avec le Thomas du *Roman de Horn,* mais une tentative a été faite pour prouver que Thomas de Kent pourrait être l'auteur de notre *Tristan.* [9] La qualité profondément différente des œuvres s'y oppose ; une étude du fond et de la forme nous a convaincue du fait que le *Roman de toute chevalerie* et le *Tristan* ne peuvent être de la même main. [10]

Répercussion de la légende antérieure à Thomas. — Thomas n'a pas été le premier à « conter de Tristan ». Les nombreuses allusions à Tristan relevées chez les troubadours ont été reconsidérées dernièrement. [11] Tout

---

[8] Dominica Legge, *Bulletin de la Société Internationale Arthurienne,* p. 95.

Rita Lejeune, *Rôle littéraire d'Aliénor et de sa famille, Cultura Neolatina,* XIV, 1, p. 29.

Stefan Hofer, *Chrétien de Troyes, Leben und Werk.* Köln, 1954, p. 24.

[9] Dominica Legge, *Anglo-Norman in the Cloisters.* Edinburgh, 1950, p. 39, suivie par Rita Lejeune, *ibid.*, p. 20.

[10] Bartina H. Wind, *Faut-il identifier Thomas, auteur de Tristan, avec Thomas de Kent ?* (article à paraître dans les *Mélanges dédiés à la mémoire de Li Gotti*).

F. Schneegans, *Die Sprache des Alexanderromans, Zeitschrift für französische Sprache und Literatur,* vol. XXXI, 1907, p. 1.

Notons que le nom de l'auteur du *Roman de toute chevalerie* est loin d'être assuré. Est-ce Thomas ou Eustache ?

[11] I. Cluzel, *Les plus anciens troubadours et la légende amoureuse de Tristan et Iseut, Mélanges à la mémoire*

ce qu'elles prouvent, c'est que la légende a probablement connu une longue période de gestation avant les œuvres qui nous sont connues et que l'existence d'un Tristan dans la littérature occitane, sans être prouvée, ne doit pas être à priori exclue. Où Thomas a-t-il trouvé sa matière ? Bédier [12] croyait à un archétype primitif français, Gertrude Schoepperle [13] à l'existence d'une *estoire* contenant des éléments courtois, Panvini [14] à des chroniques celtiques écrites en latin, traitant de la légende. D'autres croient que La Chèvre a écrit un roman de Tristan ; des conjectures diverses circulent quant à *Del Roi Marc et d'Iseult la Blonde* de Chrétien de Troyes. Rien ne nous dit que Thomas et Béroul aient puisé à ces sources. Ce qui paraît certain, c'est que la matière a été francisée avant de se répandre sur le continent. La priorité en est-elle à un inconnu, à La Chèvre, à Chrétien de Troyes ou à Thomas ? Il est impossible de le dire.

La datation. — Depuis que nous savons [15] que Gottfried von Strassburg, remanieur et traducteur de Thomas, a fait, sans doute par l'intermédiaire de ce dernier, des emprunts au *Brut* de Wace, nous avons dans

---

d'Istvan Frank ; Rita Lejeune, *Mentions de Tristan chez les troubadours, Bulletin de la Société Internationale Arthurienne,* 1954, p. 96 ; M. Delbouille, *Cercamon n'a pas connu Tristan, Studi in onore di Angelo Monteverdi,* Modena, 1959.

[12] Bédier, *op. cit.*, II, p. 168.

[13] G. Schoepperle, *Tristan and Isolt, a study of the sources of the romance,* Frankfurt a. M., London, 1913, p. 8 et *passim.*

[14] Panvini, *La leggenda di Tristano e Isotta,* Florence, 1951.

[15] F. Lot, *Romania* XXVII, p. 42.

cet ouvrage (1155) une date *post quem*[16] et dans Gottfried une date *ante quem* (1210). Les comparaisons n'ont pas manqué pour établir plus exactement cette datation ; quelques-unes se sont avérées inopérantes.[17]

Les polémiques au sujet de la datation se centrent autour du problème de la priorité de Chrétien ou de Thomas dans l'élaboration du thème. Des lignées de savants[18] ont cru *Cligès* antérieur au *Tristan* de Thomas, d'autres accordent ce privilège au *Tristan.*[19] Pour Bédier, *Cligès* étant de 1170 au plus tard, le *Tristan* de Thomas se place entre 1150 et 1170. Les arguments d'Anthime Fourrier, qui place *Cligès* en 1175, étant basés sur les événements contemporains, paraissent solides. Ceux qui admettent l'antériorité de Chrétien, doivent donc placer le *Tristan* de Thomas assez tard. On sait que Chrétien, au cours de toute son œuvre (*Perceval* excepté) a été hanté par le thème et la morale de l'amour tristanesque, mais rien ne nous dit que cette préoccupation lui soit venue précisément du *Tristan* de Thomas[20] (Foerster en avait déjà fait la remarque). Ce rapprochement ne mène donc pas à des résultats concluants.

---

[16] L'hypothèse de Röttiger, *Der Tristan des Thomas, ein Beitrag zur Kritik und Sprache desselben* (Göttingen, 1883), qui plaçait Thomas entre 1135 et 1150, est donc devenue insoutenable.

[17] Cf 1re éd. des *Fragments*, p. 13.

[18] Nitze, Bruce, Levi, Golther, Van Dam, Frappier, cf. 1re éd., p. 14.

[19] Wilmotte, Schoepperle, Nickel, Closs, Hoepffner, auxquels nous nous sommes rattachée en 1950.

[20] E. Köhler, *Ideal und Wirklichkeit in der höfischen Epik*, Tübingen, 1956, admet que la version que Chrétien a connue ne peut être que celle de Thomas. Ceci placerait Thomas entre *Erec* et *Cligès*.

D'autre part, bien des savants, Loomis,[21] Hofer[22] et dernièrement Rita Lejeune[23] et Dominica Legge[24] ont rattaché Thomas à la cour des Plantagenêts[25] et spécialement à l'entourage d'Aliénor. Mlle Legge se demande même si le *Tristan* ne lui est pas dédié et n'a pas été composé à l'occasion de la naissance de Geoffroy (1158), le futur duc de Bretagne. Si l'on établit le lien avec cette cour, une datation antérieure à *Cligès* s'impose, car il faut alors placer l'œuvre à l'époque de la splendeur du règne et du bonheur de la jeune reine, non après 1173, quand les luttes familiales et son éloignement de la cour rendent le mécénat d'Aliénor inadmissible. Reste la possibilité que l'œuvre ait été inspirée par le jeune roi Henri au Court Mantel (mort en 1183) ; on sait que celui-ci aussi s'entourait de poètes.

La datation entre 1150 et 1160 n'exclut pas l'influence de l'*Enéas,* que Salverda de Grave place à cette époque. Une nouvelle étude du vocalisme et les rapprochements avec la langue de *Brendan,* du *Jeu d'Adam,* de Philippe de Thaon, de Beneit, de Marie de France et de Thomas de Kent nous ont confirmée dans la conviction que la langue de Thomas se rap-

---

21 *Vestiges of Tristram in London, Burlington Magazine,* XLI, p. 54. Cf. aussi *Bleheris and the Tristram Story,* M.L.N., XXXIX, 1924, p. 319.

22 *Z.f.R.Ph.,* LXV, p. 257 ss. et *Chrétien de Troyes, Leben und Werk,* Köln, 1954, p. 24.

23 *Rôle littéraire d'Aliénor d'Aquitaine et de sa famille, Cultura neolatina,* XIV, I, p. 29 ss.

24 *Bulletin bibliographique de la Société Internationale Arthurienne,* 1954, p. 96.

25 Cf. R. Loomis, *Vestiges,* p. 54, l'écu de Tristan représenterait les armes d'Angleterre : hommage à Henri II ? Cf. 1re éd., p. 14.

proche de celle du milieu du siècle. Deux explications sont possibles : ou bien le *Tristan* est de cette époque, ou bien Thomas s'est conformé plus tard aux usages de la langue littéraire, conservatrice par définition, qui fut celle de la cour d'Aliénor et de ses filles. Contrairement à l'opinion que nous avons exprimée jadis (cf. 1re éd., p. 16 : date 1180-1190 à la cour d'Aliénor), les dernières études parues nous porteraient plutôt à faire remonter *Tristan* plus haut, donc avant *Cligès* et à le situer à l'époque de l'apogée d'Aliénor, entre 1150 et 1160.[26] Mais il faut sans doute renoncer à chercher des précisions que nous ne pouvons obtenir ; toutes les hypothèses sont invérifiables ; la question reste ouverte.

La langue. — Les principaux traits qui nous ont amenée à conclure, après Röttiger et Bédier, que la langue de Thomas est la langue littéraire teintée d'anglo-normandismes de la deuxième moitié du XIIe siècle, sont les suivants :

Vocalisme.[27] — *ẹ* ‹ *a* ne rime pas avec *ę* ‹ *e* entravé, sauf devant nasale ; *a+y* ne se confond pas encore avec *ęy*, c'est là un trait archaïque, car dans la plupart des textes anglo-normands, ce son a la valeur de *ęy* ou même de *ę*,[28] bien qu'à la finale *ay* et *ęy* soient séparés jusqu'à la fin du siècle.

---

[26] Mme R. Lejeune, *art. cité*, p. 31, conclut même : entre 1154 et 1158.

[27] L. E. Menger, *The anglo-norman Dialect, Columbia University Press*, 1904 ; P. Studer, *The Study of anglo-norman*, Oxford 1920 ; F.J. Tanquerey, *L'évolution du verbe en anglo-français*, Paris 1915 ; M.K. Pope, *From Latin to Modern French, with especial consideration of anglo-norman*, Manchester, 1934.

[28] L.E. Menger, *op. cit.*, p. 43.

ie < *y+a* rime avec *ię* < *ę* ou < *y+ę*, mais ces sons ne sont pas monophtongués.

ẹ̃y < *a+n* libre, rime avec *ẹ̃y* < *ē+n* libre. Ces rimes appartiennent au milieu du siècle, dans *Brendan* elles ne se présentent encore qu'au féminin.

ã < *a+n* entravé est séparé de *ẹ+n* entravé, distinction qui se prolonge assez tard.[29]

ei < *ĭ ē* libres ou < *ẹ+y* ne rime qu'avec lui-même, la réduction à *ę* n'est pas faite avant 1175 ; *eir* et *er* ne sont confondus que par les scribes.

i < *y+ẹ* rime avec *i* < *ī*, mais la confusion de *er* non précédé de palatale avec *ir* n'appartient pas au poète.

Pour *ẹ+nasale*, cf. *a+n*.

Pour *ię* < *ę*, cf. *ię* < *y+a* ; la réduction à *ę*, caractéristique pour l'anglo-normand, est postérieure à notre texte, pour les poètes du moins ; la réduction à *i* ne se trouve qu'une fois à la rime (D. 839), Thomas a voulu rimer en *ié*.

yẽ < *ę+n* libre est la forme du poète, la réduction à *ę*, le fait des scribes.

ę+l et *ẹ+l* se confondent, la voyelle de transition *a* se trouve dans les deux cas devant *l+s*.[30]

o < *ō, ŭ* libres ou entravés ne rime ni avec la diphtongue *ou*, ni, sauf exception (*Arthur* rime avec *honur*, Sn. 1, v. 673, *colurs* rime avec *Turs*, D. 1311-1312), avec le

---

[29] *a + n* entravé > *aun* plus tard, ce qui accentue l'opposition.

[30] A moins d'admettre une substitution de suffixes.

son < *ŭ*, ni avec *ǫ* < *ŏ*. Il faut admettre pour le poète une prononciation entre *u* et *ọ*. La graphie *u* pour *ọ* et pour *ǫ* est anglo-normande.

oi < *ọ*+*y* est distinct de *ǫ*+*y* et de *au*+*y*.

Pour *ǫ* < *ŏ* les formes *ue* et *o* alternent, mais *o* est sans doute une graphie traditionnelle, (*demore* rime en *ọ*, malgré *ŏ* latin).

ǫ+*ẏ* > *ui* et le son < *ŭ*+*y* sont confondus dans quelques rimes (cf. tableau 1re éd.) ; la réduction à *u* ou la rime en *i* ne sont qu'exceptionnelles, mais témoignent de l'accentuation, (*fu*, D. 330, < *focum*, *liu*, D. 1779, < *locum*).

õ < *ọ*+*n* se confond avec *ọ*+*n* ; *oy* < *au*+*y* ne rime qu'avec lui-même.

u < *ū* libre ou entravé n'avait pas à l'époque de Thomas, en anglo-normand la prononciation de *ü* palatal. Il ne rime qu'avec lui-même et avait une prononciation intermédiaire entre *u* et *o*.

õ < *ū*+*n* entravé se confond avec *ọ*+*n* entravé.

Consonantisme. — Les consonnes finales nous renseignent sur la rime et donc sur la langue du poète.

s et *ts* (*z*) sont séparés, donc l'élément explosif de *ts* persiste, dans l'anglo-normand postérieur ces signes deviennent interchangeables.

t, *d* en finale sont affaiblis derrière voyelle, mais maintenus quand ils étaient en position forte en latin classique ou vulgaire.

n final derrière consonne est tombé, *jor* rime avec *dolor*.

n et *ñ*, *l* et *ł* sont confondus, la mouillure s'est perdue en anglo-normand.

l devant consonne était vocalisé ; nous l'admettons malgré les graphies.

f devant *s* était tombé, *païs* rime avec *vis*.

Pour *s* devant consonne, les rimes manquent qui feraient admettre l'affaiblissement, mais les graphies (*medler*) semblent le prouver devant consonne vocalique.

Morphologie. — Ce texte a sans doute été écrit pendant une période de transition où la flexion en anglo-normand se perdait, mais était encore observée dans la langue littéraire soignée, qui prenait modèle sur celle du continent.

Substantifs. — Les substantifs féminins de la première déclinaison sont fléchis régulièrement, ceux de la troisième déclinaison du latin vulgaire ne présentent pas l'*s* du nominatif singulier qu'on trouve dans Chrétien de Troyes et Marie de France — cette absence est caractéristique de l'anglo-normand. La première déclinaison masculine est souvent observée régulièrement, cependant les irrégularités sont fréquentes, surtout l'emploi de l'accusatif pour le nominatif à la rime ; la forme de l'article ou du pronom y est adaptée et cela n'est pas exclusivement le fait des scribes. Les infinitifs substantivés ne sont pas fléchis d'après la règle des substantifs et l'article est adapté à leur forme. Pour les imparisyllabiques à accent mobile, la déclinaison est le plus souvent régulière,[81] l'*s* du nominatif, qui

[81] Même chez Marie de France ces mots présentent des irrégularités.

d'après Schwan-Behrens apparaît pour ces mots en anglo-normand depuis la première moitié du XIIe siècle, est absent de notre texte.[82]

Les adjectifs à trois terminaisons latines se déclinent en général régulièrement ; quelques formes incorrectes se rencontrent. Le féminin *large* a déjà pris la place de *lars, larc,* dans l'emploi prédicatif (D., v. 1793). Les adjectifs et participes neutres n'ont pas d' *s.* Les incorrections sont plus fréquentes pour les participes que pour les adjectifs et se présentent surtout dans les emplois prédicatifs et pour les mots placés derrière le verbe. Quand la rime et la déclinaison sont en conflit, c'est la flexion qui est sacrifiée.

Verbes. — L'emploi fréquent du pronom personnel accentué pour le pronom atone, qui est propre à l'anglo-normand, est remarquable, car il se présente même là où le pronom n'est pas suivi d'un infinitif. Nous le mettons en rapport avec le rythme du vers. Le pronom possessif a parfois les formes *mis, tis, sis* de l'ouest. *Que,* relatif pour *qui,* se présente sept fois ; c'est un trait presque général au XIIIe siècle.

Verbes. — Le ə analogique de la première personne *indicatif présent* qu'on s'attendrait à trouver,[83] car il se rencontre en anglo-normand dès le XIIe siècle, est absent de notre texte. C'est un trait qui rapproche la langue du poète de celle du continent. La forme en palatale non étymologique (*perc, preng*) se trouve, mais non à la rime. Le seul exemple de la première personne du pluriel à la rime a une forme non sigmatique (D., v. 973) conformément à l'usage anglo-nor-

---

[82] Cf. pour les exemples, 1re éd., p. 27 à 39.
[83] Schwan-Behrens, p. 212.

mand. Le *présent du subjonctif* ne présente pas le ə analogique. A l'*imparfait*, le poète sépare la conjugaison en *-out* de celle en *-eit* ; *être* a *esteie* et *ere*. Le *futur* a la forme contractée dite normanno-picarde, sans ə étymologique, parfois la forme continentale en ə organique ‹ *a* ou bien ə svarabhaktique ; la répartition est influencée par le rythme. La deuxième personne du pluriel a *-ez*, non *-eiz*.

Parfait. — Les verbes du type *habui* ont *oi*, mais sont en voie de passer à la forme en *ü*. Pour les parfaits en *i*, le *s* intervocalique des personnes faibles tombe parfois (*feïstes* pour *fesistes*).

Il faut remarquer enfin que l'accord des *participes passés* fléchis d'après la première déclinaison et conjugués avec *être* présente des irrégularités, les participes conjugués avec *avoir* tantôt sont invariables, tantôt s'accordent, ceci indépendamment de la place du complément. La forme est conditionnée ici encore par la rime.

Ce qui caractérise donc ce texte, ce sont ou bien des traits continentaux ou bien précisément ceux où l'anglo-normand s'est montré conservateur. Les besoins du rythme et de la rime priment tout, ils expliquent aussi la liberté que se permet le poète dans l'ordre des mots.

Versification. — La pureté relative de la langue de Thomas plaide pour une versification régulière, c'est-à-dire octosyllabique. Cependant l'état des manuscrits n'y répond guère. Le nombre de vers faux (50 % environ) indique ou bien, chez le poète, une connaissance insuffisante de la versification régulière, ou bien, chez les copistes, un laisser-aller excessif dans la transcription. Si l'on admet cette négligence des scribes, les incorrections métriques devront être plus nombreuses que les négligences grammaticales ou orthographiques, ce qui est en effet notre impression. Il est évident que, même si notre poète a écrit en vers de huit syllabes, les scribes ne les ont plus reconnus comme tels. Déroutés devant ces vers, dont ils ne comprenaient plus la facture, il semble qu'ils aient introduit un rythme qui leur était plus familier, et qui fut influencé par la versification anglaise.

L'état de la versification dans nos manuscrits nous a portée à y voir l'exemple d'une versification qui, même si elle a été syllabique au début, a subi l'influence d'une versification rythmée accentuelle.[34] Cette adaptation partielle est-elle due au poète ou aux scribes ? Toute conclusion paraît hasardeuse.

Les rimes de Thomas sont relativement correctes, mais sans aucune recherche ; la déclinaison est parfois sacrifiée au profit de la rime (il y a 8,58 % de rimes riches et 1,65 % de rimes léonines), les rimes masculines l'emportent de beaucoup sur les rimes féminines (respectivement 77,86 % et 22,14 %). Les vers sont réunis en couplets de deux vers, la brisure du couplet est assez fréquente.

Pour le tableau des rimes, cf. 1re éd., p. 53.

RÉSUMÉ SUCCINCT DU ROMAN DE THOMAS D'APRÈS LA RECONSTITUTION DE J. BÉDIER (I). — Le récit de Thomas débute par la naissance de Tristan. Sa mère, Blancheflor, ne peut se consoler de la mort de Rivalen et meurt après avoir mis l'enfant au monde. Elle l'a

---

[34] Bartina H. Wind, *art. cité, Neophilologus,* XXXIII, 1949.

confié à Roald le Foitenant, qui l'élève avec ses fils. Un jour, Tristan est enlevé par des marchands de Norvège qui l'abandonnent sur une terre étrangère (Cornouailles). Il y rencontre des pèlerins qui le mènent auprès du roi Marc. Tristan partage la vie du roi qui s'est pris d'affection pour lui, c'est là que Roald le retrouve et révèle au roi que Tristan est le fils de Blancheflor, la sœur de Marc. Tristan est armé chevalier, puis rentre dans son pays d'Ermenie et venge la mort de son père Rivalen. Il décide ensuite de retourner auprès de Marc. Arrivé en Cornouailles, il apprend que le Morholt est venu réclamer le tribut de jeunes gens que les Cornouaillais doivent à son frère Gormon, roi d'Irlande. Tristan se propose de délivrer le pays de cette honteuse servitude. Il combat le Morholt dans une île à proximité de la côte et le tue, mais Tristan, vainqueur, est blessé par l'épée empoisonnée de son adversaire : aucun médecin ne peut le guérir. Il se fait porter sur sa nef et, n'emportant que sa harpe, vogue à l'aventure vers la haute mer. Le vent le pousse en Irlande, mais craignant d'y être reconnu, il prend le nom de Tantris. La reine, qui a entendu vanter ses dons de harpeur, promet de le guérir pour l'amour de sa fille Yseut à qui Tristan devra apprendre à jouer de la harpe et à composer des lais. Guéri, Tristan retourne auprès de Marc où toute la « mesnie » l'accueille joyeusement.

Les vassaux de Marc, cependant, jaloux de l'ascendant que Tristan a pris sur Marc, exigent que le roi prenne femme pour avoir un héritier. C'est Tristan qui sera chargé de la quête d'Yseut, la fille du roi d'Irlande. Il aborde dans l'île, déguisé en marchand et apprend que le roi a promis la princesse et la moitié de son royaume à celui qui tuera un dragon qui désole le pays. Tristan l'abat, mais il est blessé par les flammes empoisonnées qu'exhale le monstre. Un sénéchal félon se fait passer pour le vainqueur et réclame l'honneur que lui aurait valu sa prouesse : le traître est démasqué. Cependant Yseut reconnaît, grâce à une brêche dans l'épée de Tristan, qu'il est le meurtrier de son oncle le Morholt ; elle cherche vengeance, mais Tristan obtient son pardon et délivre enfin au roi d'Irlande le message du roi Marc. Gormon lui accorde sa fille pour le roi de Cornouailles et la cour s'en réjouit : ceci mettra fin à la haine qui divise les deux pays. Pendant la traversée Tristan et Yseut boivent par mégarde le philtre merveilleux préparé par la mère d'Yseut pour Marc et sa fille : l'amour les lie à jamais. Devenue reine auprès de Marc, Yseut ne peut oublier Tristan et bientôt Marc en prend ombrage. Un jour, le nain persuade le roi de monter dans un pin afin d'épier les amants au rendez-vous ; Tristan qui a vu l'ombre du roi sur le sol au pied de l'arbre, prévient Yseut et les amants n'échangent que des propos innocents ; le roi comprend son erreur. Mais les courtisans jaloux accusent de nouveau la reine ; elle demande à prouver son innocence et arrive à la manifester par l'épreuve du fer rouge, grâce à un subterfuge où intervient Tristan déguisé en pèlerin (le serment ambigu). Tristan, ayant ensuite quitté l'Angleterre, envoie à sa bien-aimée le chien Petit-Crû, dont le grelot console de tous les maux, mais Yseut veut compatir aux souffrances de Tristan, elle arrache le grelot magique, qui perd son pouvoir. Peu après, Tristan est de nouveau accueilli à la cour de Marc, mais la présence des amants est un martyre pour le roi : il les bannit de sa présence et les amants s'en vont, ravis. Ici se place la vie dans la forêt, vie de rêve et de bonheur dans la

Fossiure a la gent amant. Un jour le roi les y découvre et reconnaît dans l'épée qui sépare les dormeurs le symbole de leur innocence : il les absout à nouveau. Rentré encore une fois à la cour, Tristan ne peut maîtriser son désir et les amants se rejoignent dans le verger.

Le petit *fragment de Cambridge* commence par la découverte des amants dans le verger, le nain les y trouve, va chercher le roi. L'épisode, que notre fragment laisse inachevé, se termine dans le manuscrit par le don de l'anneau qui, à la fin du poème, servira de signe de reconnaissance.

Tristan part, le roi et ses barons ne trouvent qu'Yseut, qu'ils ne peuvent accuser d'aucun crime. Après bien des aventures et maintes prouesses, Tristan arrive en Bretagne où il se lie d'amitié avec Kaherdin et s'éprend d'Yseut aux Blanches Mains pour son nom et pour sa beauté, en souvenir de l'autre Yseut.

Le premier fragment Sneyd commence par le monologue de Tristan qui cherche à se délivrer du désir d'Yseut en épousant Yseut aux Blanches Mains. Long débat intérieur après le mariage, Tristan décide de s'infliger une pénitence douloureuse. Le fragment se termine par la peinture du chagrin d'Yseut la Blonde, à qui Cariado a annoncé le mariage de son amant.

Tristan, après sa victoire sur le géant Moldagog, a fait aménager une grotte merveilleuse où il a placé des statues d'Yseut et de Brangien. A l'insu de son entourage, il s'y rend pour rêver et contempler leurs images.

C'est ici que commence *le premier fragment de Turin,* qui se termine par l'aveu d'Yseut aux Blanches Mains (le mariage inconsommé, l'eau hardie).

Tristan qui, pour se disculper vis-à-vis de Kaherdin de l'affront fait à sa sœur, a vanté la beauté d'Yseut la Blonde, s'offre à confirmer ses dires et part avec Kaherdin en Cornouailles.

Premier fragment de Strasbourg : le cortège de la reine et l'émerveillement de Kaherdin.

Tristan s'est rendu secrètement auprès de la reine et Yseut accorde Brangien à Kaherdin. Mais, avertis des menées tramées contre eux par les jaloux, Tristan et Kaherdin quittent leurs amies. Cariado croit qu'ils ont fui devant lui et Brangien est outragée d'avoir appartenu à un couard.

La colère de Brangien est peinte dans trois vers qui n'appartiennent qu'à *Turin*[2], puis s'exhale longuement dans *Douce* ; suit la fin du poème d'après *Douce,* qui correspond partiellement avec *Turin*[2], *Strasbourg*[2].[3] *et Sneyd*[2].

L'épilogue, qui manque dans *Douce,* termine le fragment *Sneyd*[2].

LES FRAGMENTS

LE VERGER

FRAGMENT DE CAMBRIDGE *

Entre ses bras Yseut la reïne. [1] (r°)
Bien cuidoient estre aseor.
Sorvient i par estrange eor
Li rois, que li nains i amene.
5 Prendre les cuidoit a l'ovraine,
Mes, merci Deu, bien i demorerent
Quant aus endormis les troverent.
Li rois les voit, au naim a dit :
« Atendés moi chi un petit ;
10 En cel palais la sus irai,
De mes barons i amerrai :

---

* *Les leçons acceptées précèdent la parenthèse*]
Les leçons rejetées suivent la parenthèse]; B = Bédier.
Nous n'employons ni apostrophes ni parenthèses dans le texte là où la leçon du ms. est mentionnée en note. Quand par accident un vers ou un hémistiche manquent ou sont illisibles dans le ms., nous plaçons la correction entre [ ].

1 *Par une coïncidence qui n'est peut-être pas fortuite et sur laquelle* B. 1, *p.* 248 *et* E. Hoepffner, *Folie de Berne, p.* 117 *ont attiré l'attention, ce vers se rapproche du vers* 185 *de la F° B.* entre mes braz tenu la raïne *et du dernier vers de* F° B. entre ses braz tient la raïne. Hoepffner *admet que c'est là une formule d'un usage courant dans les romans de Tristan.*
7 *Pour* aus, nom., *cf. entre autres Tristan de Béroul, éd.* Muret, *v.* 2346, 2347; Foulet, *Petite Syntaxe de l'Ancien Français*, par. 180, Paris 1930.
8 roi, voit, *graphie* oi, *sans doute importée du continent.* Pope, *op. cit., par.* 226 *ne la cite pas avant le milieu du XII° s.*
9 C.] chi 1. *La finale* -és *pour la 2° pers. plur. se trouve aussi aux v.* 32 *et* 36 *et en interrime aux v.* 51, 52. *Cf. aussi* -ét *v.* 25 *et p.* 36.

Verront com les avon trovez;
Ardoir les frai, quant ert pruvez. »
Tristran s'esvella a itant,
15 Voit le roi, mes ne fait senblant:
Car el palés va il son pas.
Tristram se dreche et dit: « A! las!
Amie Yseut, car esvelliez:
Par engien somes agaitiez
20 Li rois a veü quanque avon fait,
Au palais a ses omes vait;
Fra nos, s'il puet, ensenble prendre,
Par jugement ardoir en cendre.
Je m'en voil aler, bele amie,
25 Vos n'avét garde de la vie,
Car ne porez estre provée
....
....
....
Fuir deport et querre eschil, (v°)
Guerpir joie, sievre peril.
Tel duel ai por la departie
30 Ja n'avrai hait jor de ma vie.
Ma doce dame, je vos pri
Ne me metés mie en obli:
En loing de vos autant m'amez
Comme vos de pres fait avez.

---

12 *Pour la terminaison* -on, 1re *pers. du pluriel, p.* 21.

13 C.] pruvé.

22 Nos et vos (nus, vus?). *Le ms. abrège (cf. vers* 25, 31, 33, 34, 41). *Nous préférons* nos, vos, *à cause des formes* jor, por, amor, demore *de ce ms.*

26 *La feuille du ms. est coupée après le vers* 26. B. (I, p. 249) *rétablit ainsi d'après la Saga les vers disparus:*

Se vos ci sole estes trovée.
En terre estrange a grant dolor,
Aler m'en voil por vostre amor,

28 C] siovre, *probablement mauvaise graphie pour* sievre, e *et* o *se confondent aisément; ou bien graphie pour* siure (sivre)?

32 C.] loig.

35 Je n'i os, dame, plus atendre ;
Or me baisiés au congié prendre. »

De li baisier Yseut demore,
Entent les dis et voit qu'il plore ;
Lerment si oil, du cuer sospire,
40 Tendrement dit : « Amis, bel sire,
Bien vos doit menbrer de cest jor
Que partistes a tel dolor.
Tel paine ai de la desevranche
Ains mais ne sui que fu pesanche.
45 Ja n'avrai mais, amis, deport,
Quant j'ai perdu vostre confort,
Si grand pitié, ne tel tendrour
Quant doi partir de vostre amor ;
Nos cors partir ore convient,
50 Mais l'amor ne partira nient.
Nequedent cest anel pernés :
Por m'amor, amis, le gardés ;
....

(Fin du fragment de Cambridge)

---

37 *Initiale* D. *manque.*
38 Dis, *graphie pour* diz.
41 *Initiale du premier mot manque.*
42 Que *manque.*
44 Tanquerey (*Ev. verbe en A-fr.*, Paris 1915, p. 599) *cite* tui (tacui) *au lieu de* toi *dans le Psautier d'Arundel* (1160-1170) (*à la rime?*). Sui (sapui) *en serait-il un autre exemple? Ou simplement une graphie? La confusion* ui, oi *est fréquente.*
51 Tanquerey, *Ev. du verbe en A-fr.*, p. 207, *cite ces vers comme exemples de la rime* -és: éz, *d'après* B. *Ceci n'est pas conforme au ms.*

LE MARIAGE

FRAGMENT SNEYD[1]

Sis corages mue sovent, (f° 4a)
E pense molt diversement
Cum changer puisse sun voleir,
Quant sun desir ne puit aveir,
5 E dit dunc : « Ysolt, bele amie,
Molt diverse vostre vie :
La nostre amur tant se desevre
Qu'ele n'est fors pur mei decevre.
Jo perc pur vos joie e deduit,
10 E vos l'avez e jur e nuit ;
Jo main ma vie en grant dolur,
E vos vostre en delit d'amur.
Jo ne faz fors vos desirer,
E vos nel puez consirer
15 Que deduit e joie n'aiez
E que tuiz voz buenz ne facez.
Pur vostre cors su jo em paine,
Li reis sa joie en vos maine :
Sun deduit maine e sun buen,
20 Ço que mien fu ore est suen.
Ço qu'aveir ne puis claim jo quite,
Car jo sai bien qu'il se delite ;

---

6 Sn.[1]] vre, *cf.* v. 12 *peut-être* vestre, *la confusion* e, o, *étant fréquente; un latinisme paraît exclu.*

8 dece(i)vre *rime donc par l'élément principal de la monophtongue. Nos fragments ont* decevre *et* deceivre.

12 Sn.[1]] vestre.

22 B.] el se. *Logiquement, d'après le vers 23, on s'attendrait à* ele, *mais* il *peut se justifier.*

Ublié m'ad pur suen delit:
En mun corage ai en despit
25 Tutes altres pur sule Ysolt;
E rien comforter ne me volt,
E si set bien ma grant dolur
E l'anguisse que ai pur s'amur;
Car d'altre sui mult coveité
30 E pur ço grifment anguissé.
Se d'amur tant requis n'esteie,
Le de milz sofrir porreie
E par l'enchalz quid jo gurpir, (f° 4b)
S'ele n'en pense, mun desir.
35 Quant mun desir ne puis aveir,
Tenir m'estuit a mun pueir,
Car m'est avis faire l'estot:
Issi fait ki mais n'en pot.
Que valt tant lunges demurer
40 E sun bien tuit diz consirer?
Que valt l'amur a maintenir
Dunt nul bien ne put avenir?
Tantes paines, tantes dolurs
Ai jo sufert pur ses amurs

---

26 Tanquerey, *op. cit.*, p. 156, *cite dans ce vers l'exemple* vult; *c'est* volt *qu'il faut lire.*

32 Fr. M.] le dé (?) B] le desir. Le, *neutre, se rapportant au v.* 30 (*le fait d'être anguissé*), *s'expliquerait, mais sa place dans le vers rend cette conjecture hasardeuse.*

34 en = *à cela.*

37 *Notre fragment connaît les formes* estuet, estuit, estut; estot *se présente seulement ici.*

38 Tanquerey, *op. cit.*, p. 153, *relève à tort ce vers comme exemple de* puet, *forme régulière. Cependant il reconnaît* pot *comme la forme la plus fréquente en anglo-normand. Notre texte a* pot, put, puit, puet; poet *dans les mss.* D., C., T.[1].

40 B. *fait remarquer (glossaire) que* diz (dis) *ne se présente que dans l'expression* tuit diz. Diz *est sans doute une forme analogique.*

43 Sn.[1]] tant dolurs. *Malgré nos vues sur la versification* (*Néoph.* 1949, *p.* 85) *nous rétablissons ici une forme grammaticalement correcte.*

45 Que retraire m'en puis bien :
Maintenir la ne me [valt rien.]
De li sui del tuit obl[iez,]
Car sis corages est [changez.]
E ! Deu, bel pere, reis celestre,
50 Icest cange coment puit estre ?
Coment avreit ele changé,
Quant encore maint l'amisté ?
Coment porrat l'amur gurpir ?
Ja ne puis jo pur rien partir.
55 Jo sai bien, si parti em fust,
Mis cuers par le suen le soüst ;
Mal, ne bien, ne rien ne fist,
Que mis cuers tost nel sentist.
Par le mien cuer ai bien sentu
60 Que li suens m'ad bien tenu
E cumforté a sun poeir.
Se mun desir ne puis aveir,
Ne dei pas pur ço cur a change
E li laisier pur estrange ;
65 Car tant nos sumes entremis (f° 4c)
E noz cors en amur malmis,
S'aveir ne puis mun desir,
Que pur altre deive languir ;

---

46 *Après* v. . . *illisible.*
46 *Après* obl. . . *illisible.* } Corr. B.
48 *Après* est . . *illisible.*

55-56 *Cette ponctuation, admise aussi par* van Hamel, *Rom.* XXIII, *p.* 471, *nous paraît préférable à celle de* B., *qui rattache* mis cuers *par un enjambement au v. précédent.*

66 B. *propose:* E nos cors en avum malmis, *mais la construction synthétique où* être *avec verbe pronominal prend la place d'*avoir *avec verbe transitif semble admissible et la suppression d'*être *se présente dans ce cas. Cf.* Mussafia (*Rom.* XXXIII, *p.* 415).

68 *Ce vers inadmissible pour* B. *nous semble très acceptable, avec le sens: nous avons tant* (*trop*) *souffert pour que je puisse languir pour une autre.* Mussafia (*art. cité*)*: le scribe a eu présent à l'esprit: nous avons tant souffert que je ne dois pas* (*brûler pour une autre*). Deive, *d'après* Tanquerey

E a iço qu'ele poüst,
70 Voleir ad, si poeir oüst :
Car ne li dei saveir mal gré,
Quant bien ad en sa volenté ;
S'ele mun voleir ne fait,
Ne sai quel mal gré en ait.
75 Ysolt, quel que seit le poeir,
Vers mei avez mult buen penseir.
Coment purreit dunc changier ?
[M'amur] vers li ne pois trichier.
[Jo sai bien,] si changer volsist,
80 [Que li miens] coers tost le sentist.
Que seit de la tricherie,
Jo sent bien la departie :

(op. cit., p. 335) serait le premier exemple de cette forme qu'il ne cite qu'au v. Sn.[1] 102. *Il l'attribue au scribe car il la croit unique, à côté de* deie *plus fréquent. Au contraire* deie *ne se présente qu'au v.* 16 *de* D., deive *six fois* Sn.[1] *v.* 68, 102, 617, 618, D. 1552, Sn.[2] *v.* 833.

69-70 B. *interprète: « et quant à ce qu'Isolt pourrait faire, elle a bien la volonté mais elle n'a pas le pouvoir. »*

71 Sn.[1]] gere.

72 B.] Quand bien en ad. *Nous interprétons: quand elle voudrait le (notre) bien, cf. v.* 70. Bien *subst. est fréquent dans notre texte.*

73 *Contrairement à* B. *nous rattachons ce vers au suivant, non à celui qui précède.*

75 Sn.[1]] voleir. *La leçon du ms. semble inacceptable,* B. *corrige au v.* 75. poeir] *et v.* 76] voleir.

76 *Il nous semble que pour le sens* penseir *peut être conservé;* ei *pour* e, *graphie anglo-normande.*

77 B. *ne met pas de ponctuation après v.* 77 *et un point d'interrogation après* amur *au v.* 78. *L'enjambement nous semble difficile à admettre.*

77-78 *Nous interprétons: comment pourrait-elle changer? Quant à moi, je ne pourrais trahir son amour.*
Au début des vers 78-81 *le ms. présente un trou.* Vetter *(cf.* B. I, 265) *a cru déchiffrer au v.* 78 m'amur, *au v.* 79 sai bien. *Dans l'état actuel toute lecture est exclue.*

80 Fr. M.] Que vostre coers. B. Que li miens]. *C'est-à-dire: si elle voulait m'être infidèle dans ses sentiments, j'en aurais la certitude.*

81 *Nous avons pu déchiffrer* que seit. B.] Que que seit.

En mun corage tres bien sent
Que petit mei aime u nient ;
85 Car, s'ele en sun coer plus m'amast,
D'acune rien me comfortast.
— Ele, de quei ? — D'icest ennui.
— U me trovreit ? — La u jo sui.
— Si ne set u ne en quele tere.
90 — Nun ? e si me feïst dunc querre !
— A que faire ? — Pur ma dolor.
— Ele nen ose pur sun seignur,
Tuit en oüst ele voleir.
— A quei, quant nel pot aveir ?
95 Aimt sun seignur, a lui se tienge,
Ne ruis que de mei li sovienge !
Ne la blam pas s'ele mei oblie, (f° 4d)
Car pur mei ne deit languir mie :
Sa grant belté pas nel requirt,
100 Ne sa nature n'i afirt,
Quant de lui ad sun desir,
Que pur altre deive languir.
Tant se deit deliter al rei
Oblier deit l'amur de mei,
105 En sun seignur tant deliter
Que sun ami deit oblier.
E quei li valt ore m'amur
Emvers le delit sun seignur ?
Naturelment li estuit faire

---

89 Sn.[1]] I ne set B.] Si — quel, *mais les formes analogiques en* ə *se trouvent déjà au XII*[e] *siècle.*

92 Fr. M.] n'en ose.

94 Sn.[1]] ne pot.

97 *L'emploi du pronom tonique pour le pronom atone se trouve dès la première moitié du siècle, mais surtout devant un infinitif; ici le cas est douteux.*

100 Sn.[1]] pas n'i afirt, *lapsus expliqué par la présence de* pas *au vers précédent.*

104 Sn.[1]] oblien.

107 B.] E ! quei.

110 Quant a sun voleir ne volt traire :
A ço se tienge que aveir puet,
Car ço que aime laissier estuit.
Prenge ço que puet aveir,
E aturt bien a sun voleir :
115 Par jueir, par sovent baisier
Se puet l'en issi acorder.
Tost li porra plaisir si bien
De mei ne li menbera rien.
Si li menbre, e mei que chalt ?
120 Face bien u nun, ne l'en chalt :
Joie puet aveir et delit
Encuntre amur, si cum jo quit.
Cum puet estre qu'encuntre amur
Ait delit, u aimt sun seignur,
125 U puset metre en obliance
Que tant ad eu en remenbrance ?
Dunt vient a hume volunté
De haïr ço qu'il ad amé,
U ire porter u haür (f° 5a)
130 Vers ço u ad mis s'amur ?
Ço que amé ad ne deit haïr,
Mais il s'en puet bien destolir,
Esluinier sei e deporter,
Quant ne veit raisun d'amer.
135 Ne haïr n'amer ne deit
Ultre ço que raisun veit.
Quant l'en fait ovre de franchise

---

115 B.] Par sovent baisier, par juer. *Cette inversion, basée sur la rime, semble superflue. La rime* -ier : -er *se présente dans notre texte,* ie *étant réduit à* ye *ou* e.

120 *La rime des mêmes mots se présente une seule fois dans le ms.* Sn., *cinq fois dans les fragments* D., *une fois dans* T.[1].

125 Sn.[1]] mentre.

133 Sn.] se.

137 *Le ms. donne manifestement* fait, *mais* veit (B.) *résoudrait les difficultés de l'interprétation. Si l'on conserve* fait, l'en *du v.* 137 *se rapporte à la conduite d'Yseut,* l'en *du v.* 139 *à Tristan. Une négligence de ce genre n'est pas exclue.*

Sur ço altre de colvertise,
A la franchise deit l'en tendre,
140 Que encuntre mal ne deit mal rendre.
L'un fait deit l'altre si sofrir
Que entre euls se deivent garantir :
Ne trop amer pur colvertise,
Ne trop haïr pur franchise.
145 La franchise deit l'en amer
E la coilvertise doter,
E pur la franchise servir
E pur la coilvertise haïr.
Pur ço qu'Isolt m'ad amé,
150 Tant senblant de joie mustré,
Pur ço ne la dei haïr.
Pur chose que puisse avenir ;
E quant ele nostre amur oblie,
De li ne me deit menbrer mie.
155 Jo ne la dei amer avant,
Ne haïr ne la dei par tant ;
Mais jo me voil issi retraire
Cum ele le fait, si jol puis faire :

141-142 *C'est-à-dire: la noblesse du cœur* (franchise) *doit nous faire pardonner la vilenie.*
142 Sn.[1]] divent.
143 B.] De trop.
143-144 *pourraient s'interpréter comme avertissement impératif.* F. Rechnitz, *Bemerkungen zum Texte des Tristans von Thomas, Z. f. fr. Spr. u. L.* XXXVI, p. 294, *voit dans les vers* 137-142 (*mineure*), 145-148 (*majeure*) *et* 143-144 (*conclusion*) *un syllogisme en règle. L'ordre inverti serait preuve de pédantisme.*
144 B.] E de trop.
147 B.] Ne pur la franchise haïr. *Nous interprétons: à cause de la noblesse de cœur rester « serviteur »; à cause de la vilenie haïr ou plutôt oublier cf. v.* 153-156.
148 B.] Ne, pur coilvertise, servir. B., *qui trouve ces vers absurdes, motive sa correction en prêtant à Tristan des raisonnements d'une logique à notre sens trop moderne; il se réfère au v.* 151 *qui confirme pour lui* 148. *Mais tout le raisonnement de Tristan est plein d'affirmations rétractées et au v.* 151 *il atténue, à notre sens, la dureté du v.* 148.

Par ovres, par faiz assaier
160 Coment me puisse delivrer
En ovre ki est contre amur, (f° 5b)
Cum ele fait vers sun seignur.
Coment le puis si esprover
Se par femme nun espuser ?
165 El fait nul raisun oüst
Se dreite espuse ne fust,
Car cil est sis dreit espus
Ki fait l'amur partir de nos.
De lui ne se deit ele retraire,
170 Quel talent que ait, l'estuit faire.
Mais mei n'estuit faire mie,
Fors que assaier voldrai sa vie :
Jo voil espuser la meschine
Pur saveir l'estre a la reïne,
175 Si l'espusaille e l'assembler
Me pureient li faire oblier,
Si cum ele pur sun seignur
Ad entroblié nostre amur.
Nel faz mie li pur haïr,
180 Mais pur ço que jo voil partir,
U li amer cum ele fait mei
Pur saveir cum aime lu rei. »

Molt est Tristans en grant anguisse
De cest'amur que faire poïsse,
185 En grant estrif e en esprove.
Altre raisun nule n'i trove

---

160 B.] delitier. *La rime* -ier: -er *est en soi acceptable et très fréquente en angl.-norm., cf. aussi* Pope, *op. cit.,* § 1155. *Pour le sens la correction de* B. *est satisfaisante, cf. v.* 188. *Cependant* delivrer *est employé dans le même raisonnement* Sn. *v.* 303 *et* 334.
164 Sn.[1] nun *manque, corr.* B., *imposée par le sens.*
179 *La place du pronom* li *étonne, de même la présence de* u *au v.* 181, *on s'attendrait à* et.
182 Rött. (*Der Tristan des Thomas*) *a fait remarquer que la forme* lu *ne se trouve dans notre texte que devant le mot* rei.

Mais qu'il enfin volt assaier
S'encuntre amur poisse delitier,
Se par le delit qu'il volt
190 Poisse entroblier Ysolt,
Car il quide qu'ele oblit
Pur sun seignur u pur delit :
Pur ço volt femme espuser (f° 5c)
Qu'Isolt n'en puisse blamer
195 Que encontre raisun delit quierge,
Que sa proeise nen afirge ;
Car Ysolt as Blanches Mains volt
Pur belté e pur nun d'Isolt.
Ja pur belté qu'en li fust,
200 Se le nun d'Isolt ne oüst,
Ne pur le nun senz belté,
Ne l'oüst Tristans en volenté :
Ces dous choses qu'en li sunt
Ceste faisance emprendre font,
205 Qu'il volt espuser la meschine
Pur saveir l'estre la reïne,
[Coment] se puisse delitier

---

188 *Le ms. a le plus souvent la forme angl.-norm.* poisse (*v.* 190), *cf. cependant v.* 160, 194, 398.

194 B.] Que Isolt nel. *Si nous maintenons* n'en, *Isolt ne peut être qu'objet et il faut interpréter: il veut se marier pour qu'il ne puisse plus blâmer Yseut du plaisir qu'elle cherche, alors que la raison s'y oppose et (il veut se marier) parce que cet acte ne touche en rien* (nen afierge) *à sa noblesse* (prouesse). *Le* que *des v.* 194 *et* 196 *dépend alors de* pur ço, *le* que *du v.* 195 *de* blamer.

Si nous lisons avec B. ne l'en (*le ms porte* nen) *Isolt devient sujet, donc: il veut prendre femme (pour ceci) qu'Iseut ne saurait l'en blâmer; (pour ceci) qu'il veut chercher le plaisir en dépit de la raison et que cela ne touche en rien à sa noblesse* (prouesse). *Dans l'interprétation de* B. afierge *a le sens appartienne, convienne à, qui semble plus difficile à comprendre.*

Dans tout ce passage nous sentons Thomas *aux prises avec une langue qui ne se prêtait pas encore à ses raffinements psychologiques.*

200 Sn.[1]] ne ost.

[Enc]untre amur od sa moillier ;
Assaier le volt endreit sei,
210 Cum Ysolt fait envers lu rei ;
E il pur ço assaier volt
Quel delit avra od Ysolt.
A sa dolur, a sa gravance
Volt Tristrans dunc quere venjance ;
215 A sun mal quert tel vengement
Dunt il doblera sun turment ;
De paine se volt delivrer,
Si ne se fait fors encombrer ;
Il en quida delit aveir
220 Quant il ne puet de sun voleir.
Le nun, la belté la reïne,
Nota Tristrans en la meschine,
Pur le nun prendre ne la volt
Ne pur belté, ne fust Ysolt.
225 Ne fust ele Ysolt apelee (f° 5d)
Ja Tristrans ne la oüst amee ;
Se la belté Ysolt n'oüst,
Tristrans amer ne la poüst ;
Pur le nun e pur la belté
230 Que Tristrans i ad trové
Chiet en desir e en voleir
Que la meschine volt aveir.

Oez merveilluse aventure,
Cum genz sunt d'estrange nature,
235 Que en nul lieu ne sunt estable :
De nature sunt si changable,
Lor mal us ne poent laissier,

207-208 *Débuts de ces vers effacés. V.* 207, Fr. M. coment].
208 Sn.[1]] ... cuntre amus.
212 *L'observation de* B. (I, *p.* 280) *qu'Isolt désigne toujours Yseut la Blonde ne se vérifie donc pas pour ce passage.*
213 Sn.[1]] gravanco.
214 Sn.[1]] venjanco. *Le nom de Tristan est abrégé dans le ms.*
215 Sn.[1]] vengenent.
224 Sn.[1]] nu fust.

Mais le buen puent changer.
El mal si acostomer sont
240 Que pur dreit us tuit dis l'unt,
E tant usent la colvertise
Qu'il ne sevent qu'est franchise,
E tant demainent vilanie
Qu'il oblient corteisie ;
245 De malveisté tant par se painent
Que tute lor vie laenz mainent,
De mal ne se puent oster,
Itant se solent aüser.
Li uns sunt del mal acostemier,
250 Li altre de bien renoveler ;
Tute l'entente de lor vie
En changer novelerie,
E gurpisent lor buen poeir
Pur prendre lor malveis voleir.
255 Novelerie fait gurpir
Buen poeir pur malveis desir,
E le bien, que aveir puet, laissier (f° 6a)
Pur sei el mal delitier ;
Le meillur laisse del suen
260 Tuit pur aveir l'altrui mainz buen ;
Ço que suen est tient a pejur,
L'altrui, qu'il coveite, a meillor.
Si le bien qu'il ad suen ne fust,
Ja encuntre cuer ne l'oüst ;
265 Mais ço qu'aveir lui estuit

---

238 Sn.[1]] pueunt.

259 Sn.[1]] pur le suen. B.] le meillur lait li hum del suen. B. *croit que l'introduction du mot* hum *dans le texte est de toute nécessité pour commander les constructions avec* suen. *Doit-on admettre une grammaire déjà si logique et si rigoureuse? Nous interprétons: de ce qui lui appartient il laisse le meilleur et nous nous demandons si* pur le *n'est pas une erreur due à la présence de* pur *aux vers précédent et suivant.*

260 Sn.[1]] Altrei. Go *cite* otrei *comme variante. Cependant le copiste écrit* altrui *deux vers plus loin,* altrei *est donc probablement une graphie fautive* (altre + i ?).

262 Sn.[1]] l'alturi.

En sun corage amer ne puit.
S'il ne poüst ço qu'il ad aveir,
De purchaceir oüst dunc voleir ;
Meillur del suen quide troveir :
270 Pur ço ne puet le suen amer.
Novelerie le deceit
Quant ne volt ço qu'aveir deit
E iço qu'il n'ad desire
U laisse suen pur prendre pire.
275 L'en deit, ki puet, le mal changer
Pur milz aveir le pis laissier,
Faire saveir, gurpir folie,
Car ço n'est pas novelerie
Ki change pur sei amender
280 U pur sei de mal oster ;
Mais maint en sun cuer change
E quide troveir en l'estrange
Ço qu'il ne puet en sun privé :
Ce lui diverse sun pensé,
285 Ço qu'il n'ont volent assaier
E enaprés lor aparer.
Les dames faire le solent,
Laissent ço q'unt pur ço que volent
E asaient cum poent venir (f° 6b)
290 A lor voleir, a lor desir.
Ne sai, certes, que jo en die :
Mais trop par aiment novelerie

---

269 Troveir *pour* trover *est sans doute une graphie inverse,* ei *étymologique étant réduit en angl.-norm.* à e., *cf.* Sn.[1] *v.* 76 penseir.

272 Sn.[1]] no volt.

275 Sn.[1]] bien. B. mal].

282 Sn.[1]] troveur.

285 *Pour le passage chez* Thomas *du singulier au pluriel, cf.* C. *vers* 5-7 ; D. 1525, etc.

286 Sn.[1]] apros. Aparer (*se préparer*) *ne donne pas un sens très satisfaisant. Paléographiquement* apaier (*confusion* r, i) *s'expliquerait mieux que* apairier *que propose* Rött. *Le sens* (*se contenter, calmer, satisfaire*) *est admissible.* Lur *pour* sei *est toutefois peu fréquent.*

Homes e femmes ensement,
Car trop par changent lor talent
295 E lor desir e lor voleir
Cuntre raisun, cuntre poeir.
Tels d'amur se volt vancier
Ki ne se fait fors empeirier ;
Tels se quide jeter d'amur
300 Ki duble acreist sa dolur,
E tels i purchace venjance
Ki chet tost en grive pesance,
E tel se quide delivrer
Ki ne se fait fors encumbrer.

305 Tristran quida Ysolt gurpir
E l'amur de sun cuer tolir ;
Par espuser l'altre Ysolt,
D'iceste delivrer se volt ;
E si ceste Ysolt ne fust,
310 L'altre itant amé ne oüst ;
Mais par iço qu'Isol amat
D'Ysol amer grant corage ad ;
Mais par iço qu'il ne volt lassier

---

293 B.] E home. Hoepffner *m'a fait remarquer que souvent les inexactitudes de la déclinaison se trouvent dans les mots masculins quand ils sont suivis d'un substantif féminin qui présente le* s *régulièrement. Pour les pronoms* il > ils *d'abord dans* ils *et* eles. *L'expression* hume ne(u) femme *au nom. se trouve dans* M. de France (*Guigemar*, 253); *cf. aussi* Tobler, *Verm. Beitr.* I, 192.

297 vancier, *la chute de la syllabe initiale* a-, en-, es- *est une particularité angl.-norm. qu'on place généralement plus tard. Cf.* Stimming, *Boeve de Haumtone, Bibl. norm.* VII, 1899 *et* Such, *St. Auban*, 34-35. Pope, *op. cit.* § 1137. *Mais ce n'est peut-être qu'une graphie fautive pour* avancier. *Cf. toutefois* veiastes (enveiastes) D. *v.* 14.

307 L'altre Ysolt *est donc ici Yseut-aux-Blanches-Mains et* iceste *Yseut la Blonde, contrairement à l'observation de* B. I (*p.* 280).

313 Rött, *Tr. des Th.*, *p.* 44 *et* B. *proposèrent d'abord* qu'il ne puet l'aveir, *correction trop forte à notre sens;* Mussafia, *Rom.* XXXIII, *a voulu intercaler deux vers pour rétablir la rime, sinon il propose:* ne puet cele aveir, ne puet l'aveir

Ad il vers ceste le voleir,
315 Car s'il poüst aveir la reïne
Il n'amast Ysolt la meschine :
Pur ço dei jo, m'est avis, dire
Que ço ne fut amur ne ire ;
Car si ço fin' amur fust,
320 La meschine amé ne oüst
Cuntre volenté s'amie ; (f° 6c)
Dreite haür ne fu ço mie,
Car pur l'amur la reïne
Enama Tristrans la meschine ;
325 E quant l'espusa pur s'amur,
Idunc ne fu ço pas haür ;
Car s'il de cuer Ysolt haïst
Ysolt pur s'amur ne presist,
Se de fin' amur l'amast
330 L'altre Ysolt nen espusast ;
Mais si avint a cele feiz
Que tant ert d'amur en destreiz
Qu'il volt encontre amur ovrer
Pur de l'amur sei delivrer ;
335 Pur sei oster de la dolur,
Par tant chaï en greinur.
Issi avient a plusurs genz :
Quant ont d'amur greinurs talenz,
Anguisse, grant paine e contraire,
340 Tel chose funt pur euls retraire,
Pur delivrer, pur els venger,

---

n'étant pas conforme à la syntaxe. B., II, *p.* 459, *accepte* ne la puet aveir. Laissier *a le sens de renoncer* (*cf.* Sn.[1] 443, 452, 481), *mais le vers n'est pas exempt de maladresse* (*cf. v.* 315). *La rime* -ier -eir *ne s'explique qu'en admettant que ce sont des graphies pour* e, *cf.* Sn. 839-840. *Cependant le texte présente fréquemment la séparation* de ie *et* e *à la rime.*

328 Sn.[1]] sa mamur.

335 *Premier mot illisible.*

338 Sn.[1]] talez. B.] tourmenz. Talent *au sens de désir, ardeur ne pourrait-il se défendre ?*

Dunt lor avient grant encumbrer ;
E sovent itel chose funt
Par conseil, dunt en dolur sunt.
345 A molz ai veü avenir,
Quant il ne puent lor desir
Ne ço que plus aiment aveir
Qu'il se pristrent a lor poeir,
Par destresce funt tel faisance
350 Dunt sovent doblent lor grevance ;
E quant se volent delivrer,
Ne se poent desencombrer.
En tel fait e en vengement (f° 6d)
E amur e ire i entent,
355 Ne ço n'est amur ne haür,
Mais ire mellé a amur
E amur mellé od ire.
Quant fait que faire ne desire
Pur sun buen qu'il ne puet aveir,
360 Encontre desir fait voleir ;
E Tristrans altretel refait :
Cuntre desir a voler trait ;
Pur ço que d'amur Ysolt se dolt,
Par Isolt delivrer se volt ;
365 E tant la baise e tant l'acole,
Envers ses parenz tant parole,
Tuit sunt a un del espuser,
Il del prendre, els del doner.

Jur est nomez, terme mis,
370 Vint i Tristrans od ses amis,

---

342 Sn.[1]] encumber.
350 Fr. M.] gravance. *La syllabe est abrégée dans le ms.*
358 fait = on fait.
363 Sn.[1]] se dolt Ysolt. B.] que se dolt par Isolt.
366 Sn.[1]] porole.

Li dux ove les suens i est,
Tuit l'aparaillement est prest ;
Ysolt espuse as Blanches Mains.
La messe dit li capeleins
375 E quanque i affirt al servise,
Solunc l'ordre de sainte eglise ;
Pois vont cum a feste mangier,
Enaprés esbanier
A quintaines, as cembels,
380 As gavelocs e as rosels,
As palastres, as eschermies,
A gieus de plusurs aaties,
Cum a itel feste affirent
E cum cil del siecle requirent.

385 Li jors trespasse od le deduit, (f° 7a)
Prest sunt li lit cuntre la nuit ;
La meschine i funt cholcher,
E Tristrans se fait despuillier
Del blialt dunt vestu esteit ;
390 Bien ert seant, al puin estreit.
Al sacher del blialt qu'il funt,
L'anel de sun dei saché ont
Qu'Isolt al jardin lui dona
La deraigne feiz qu'il i parla.

395 Tristran reguarde, veit l'anel
E entre en un pensé novel,
Le penser est grant anguisse
Qu'il ne set que faire poïsse.
Sis poers lui est a contraire,

---

371 **Sn.[1]] odve.**
372 **Sn.[1]] i est *cf. v.* 371 Tuit *nom masc. singulier cf. v.* 533.**
381 **Sn.[1]] A palastres.**
382 **Sn.[1]] anties.**
396 **Sn.[1]] en sun.**
397 **Sn.[1]] Le penser en grant anguisse.**

400 Se sa volenté poüst faire.
E pense dunc estreitement
Tant que de sun fait se repent ;
A contraire lui est sun fait,
En sun corage se retrait
405 Par l'anel qu'il en sun dei veit,
En sun penser est molt destreit ;
Membre lui de la covenance
Qu'il li fist a la sevrance
Enz el jardin, al departir ;
410 De parfunt cuer jette un suspir,
A sei dit : « Coment le pois faire ?
Icest ovre m'est a contraire ;
Nequedent si m'estuit cholcher
Cum ove ma dreite moillier ;
415 Avoc li me covient gisir,
Car jo ne la puis pas gurpir :
Ço est tuit par mun fol corage, (f° 7b)
Ki tant m'irt jolif e volage.
Quant jo la meschine requis
420 A ses parenz, a ses amis,
Poi pensai dunc d'Ysolt m'amie
Quant empris ceste derverie
De trichier, de mentir ma fei.
Colchier m'estuit, ço peise mei.

---

400 B.] Que sa volonté. *Quand même il pourrait en faire à sa volonté maintenant, il n'en a pas le pouvoir* (*quelque chose l'en empêche*). Go. *donne plusieurs exemples de se concessif.* B. *ne met pas de ponctuation après le v.* 399, *une virgule après* 400 *et un point après* 402.

410 Sn.[1], 1re *lettre manque.*

411 B. *en note:* A sei dit donc coment le pois ie faire. *Les mots* donc, ie *sont écrits en surcharge, d'une encre différente. Cela n'est pas le cas dans le ms. que nous avons consulté.*

412 ovre (*opera*) *étant généralement féminin en ancien français il se peut que le* ə *d'*iceste *soit tombé devant la voyelle. Les autres emplois du mot dans notre texte ne permettent pas de tirer une conclusion quant au genre.*

414 Sn.[1]] dreit, *cf. v.* 322.

415 Sn.[1]] giseir.

425 Espusé l'ai lealment
Al us del mustier, veant gent :
Refuser ne la pois jo mie,
Ore m'estuit fare folie.
Senz grant pechié, senz mal faire
430 Ne me puis d'iceste retraire,
Ne jo n'i pois assembler
Si jo ne mei voil desleer,
Car tant ai vers Ysolt fait
Que n'est raisun que ceste m'ait
435 A iceste Ysolt tant dei
Qu'altre ne puis porter fei,
E ma fei ne redei mentir,
Ne jo ne dei ceste gurpir.
Ma fei ment a Ysolt m'amie
440 Se d'altre ai delit en ma vie
E si d'iceste mei desport
Dunc frai pechié e mal e tort,
Car jo ne la puis pas laissier,
N'en li ne mei dei delitier
445 De chulcher ove li en sun lit
Pur mun buen ne pur mun delit ;
Car tant ai fait vers la reïne,
Culcher ne dei od la meschine,
E envers la meschine tant fait (f° 7c)

---

425 Sn.[1]] Esspse. *Etant donnée l'incertitude de l'accord du part. p. nous ne corrigeons qu'à la rime.*

433 *Ici, ainsi que le remarque* B. ceste Ysolt *désigne Yseut aux blanches Mains, et* Ysolt *tout court ou* l'altre (Ysolt) *Yseut la Blonde; (cf. v.* 430, 434, 435, 438, 441, 455, 465, *Iseut aux Blanches Mains; v.* 433, 436, 439, 456, 457, 460, 466, 735, *Iseut la Blonde). Cf. cependant v.* 307 *où* l'altre Ysolt *désigne Iseut aux Blanches Mains.*

445 *Nous gardons la leçon du ms. puisque le vers de* 9 *syll. ne nous semble pas exclu, cependant* ove *est irrégulier.* Go. *ne le connait pas. Pour la mesure* B. *lui-même n'a rien pu en tirer, il corrige ici en* od, *mais au vers* 414 *se voit obligé de garder* ove.

448 Sn.[1]] ne de od la schine. *Corr.* B. *la graphie* de *pour* dei *se répète au vers* 452.

450 Que ne puet mie estre retrait ;
N'Ysolt ne dei jo trichier,
Ne ma femme ne dei laissier,
Ne mei dei de li partir,
Ne jo ne dei ove li gésir.
455 S'a ceste tinc covenance,
Dunc ment a Ysolt ma fiance ;
E si jo port à Ysolt ma fei,
Vers ma espuse me deslei.
Vers li ne me dei desleer,
460 N'encuntre Ysolt ne voil ovrer.
Ne sai a la quele mentir,
Car l'une me covient traïr
E decevre e enginnier,
U anduis, ço crei, trichier ;
465 Car tant m'est ceste aprocée
Que Ysolt est ja enginnée.
Tant ai amée la réïne
Qu'enginnée est la meschine,
Et jo forment enginné sui,
470 E l'une e l'altre mar conui.
L'une e l'altre pur mei se dolt,
E jo m'en duil pur duble Ysolt.
Supris en sunt andui de mei,
A l'une, a l'altre ment ma fei :
475 A la reïne l'ai mentie,
A ceste n'en pois tenir mie.

---

452 Sn.[1]] de laissier. B.] délaissier, *mais accepte dans ses corrigenda* (*vol.* II, *p.* 459) dei laissier, *proposé par* Mussafia (*Rom.* XXXIII).

453 B.] Ne ne me dei. Mei, *pron. acc. pour pron. atone, ou erreur de copiste ? Cf. v.* 432, 441, 444 ; *l'erreur semble donc peu probable.*

457 Sn.[1]] perc. B. port] *Le ms. est clair, mais nous admettons des confusions possibles entre* e *et* o, c *et* t, *cf. v.* 213, 214, 586.

467 *Cf. v.* 425 (*note*).

473 *Pour* supris *cf.* Sn. *v.* 783.

Pur qui la doüse jo mentir,
A une la puis jo tenir.
Quant menti l'ai a la reïne,
480 Tenir la dei a la meschine,
Car ne la puis mie laissier. (f° 7d)
Ne ne dei Ysolt tricher !
Certes, ne sai que faire puisse,
De tutes pars ai grant anguisse,
485 Car m'est ma fei mal a tenir,
E pis de ma femme gurpir.
Coment qu'avienge del delit,
Culchier m'estuit en sun lit.
D'Isolt m'ai ore si vengé
490 Que premir sui enginné ;
D'Isol me voldreie vengier,
Enginné sui al premier.
Contre li ai tant trait sur mei
Que jo ne sai que faire dei.
495 Si jo me chul avoc ma spuse,
Ysolt en irt tute coreuse ;
Si jo od li ne voil chulcher,
Aturné m'irt a reprover
E de li avrai mal e coruz ;

---

477 Fr. M., *en mettant un point d'interrogation après* mentir (v. 477) *et après* reïne (v. 479), *et aucune ponctuation après* tenir (v. 478), *donnait un autre sens à ces vers.* B., *supprimant les deux points d'interrogation (v.* 477, 479), *et le point après* mie (*v.* 476), *mettant un point après* mentir (*v.* 477) *attache au vers* 477 *un sens restrictif portant sur le vers précédent. Nous avons préféré la ponctuation de* Mussafia (*Rom.* XXXIII, *p.* 415) *qui fait porter la restriction sur:* à l'une la puis-je tenir. *Dans ce vers nous supprimons* l' *devant* une, *qui n'est pas dans le ms.*

481 *Nous plaçons un point ici et un point d'exclamation après v.* 482. *Cette réflexion est pour nous une objection où Tristan se rétracte.*

495 Sn.] sspuse. *La suppression de la voyelle prosthétique est rare en angl.-norm., mais elle se présente.*

496 B.] mult coreçuse. Coreüse *au sens de dégoûtée, écœurée est après tout admissible.*

500 De ses parenz, des altres tuiz
Haïz e huniz en sereie,
E envers Deu me mesfreie.
Jo dut hunte, jo dut pechié.
Quei idunc quant jo serai chulchié
505 Se od le chulcher ço ne faz
Que en mun corage plus haz,
Que plus m'ert contre volenté ?
Del gesir n'i avrai ja gré.
Ele savra par mun poeir
510 Que vers altre ai greinur voleir.
Simple est s'ele ne l'aparceit
Qu'altre aim plus e coveit (f° 8a)
E que milz volsisse culchier
U plus me puisse delitier.
515 Quant de mei n'avra sun delit,
Jo crei qu'ele m'amera petit :
Ço ere a dreit qu'en haür m'ait
Quant m'astienc del naturel fait
Ki nos deit lier en amur.
520 Del astenir vient la haür :
Issi cum l'amur vient del faire,
Si vient la haür del retraire ;
Si cum l'amur del ovre vient,
E la haür ki s'en astient.
525 Si jo m'astinc de la faisance,
Dolur en avrai e pesance,

---

500 B.] tuz. *Les monophtongues riment par leur élément principal. Cf.* ie : e. Pope, *op. cit.*, § 1160, *cite d'autres rimes* ui : u *et admet que* ui *se prononçait* u.

506 Haz *forme analogique pour* hai *ou* hes, *cf.* Tanquerey, *op. cit.*, p. 32.

507 B. *continue le vers sans point d'interrogation, ce qui est rendu possible par la suppression de* quei *au v.* 504.

513 Milz, *forme normande* (*cf.* Sn.[1] *v.* 32).

517 Ere *au futur est rare, cf. Auc. et Nic.*, II, 24. Tanquerey, (*op. cit., p.* 739) *ne cite qu'un exempe et alors à la prem. pers.* (B *v.* 1466), *mais là* D. (199) *donne* ert, T.[1] ere.

522 Fr. M.] suvent. Vetter, si vient.]

E ma proeise e ma franchise
Turnera a recreantise ;
Ço que ai conquis par ma valur
530 Perdrai ore par cest'amur,
L'amur qu'ad vers mei eü
Par l'astenir m'irt ore toleü,
Tuit mun servise e ma franchise
M'irt tolu par recreantise.
535 Senz le faire molt m'ad amé
E coveité en sun pensé,
Ore me harra par l'astenir
Pur ço qu'ele n'at sun desir,
Car ço est que plus alie
540 En amor amant e amie ;
E pur iço ne li voil faire,
Car d'amur la voil retraire.
Bien voil que la haür i seit,
Plus de l'amur ore le coveit.
545 Trop l'ai certes sur mei atrait ; (f° 8b)
Envers m'amie sui mesfait
Ki sur tuz altres m'ad amé.
Dunt me vient ceste volenté
E cest desir e cest voleir
550 U la force u le poeir
Que jo vers ceste m'acointai

---

530 *D'après* Tanq., *op. cit.*, p. 713 (*note*) p. 724-27 *ə svarabhaktique introduit après radicaux en dentale au XIIe siècle est le plus souvent graphique et ne devient syllabique qu'au treizième siècle. On peut se demander si cette observation n'est pas basée précisément sur la petitio principii des vers octosyllabiques de beaucoup d'éditeurs. Pour le Tristan (cf.* Rött *et* B.) *cela est certainement le cas.*

532 *Bien qu'amur soit le plus souvent féminin dans le texte, nous maintenons les participes à la forme du ms.* eu *et* toleu.

544 *Le neutre se rapportant au v.* 543: que la haür i seit (*Cf.* B.)

547 B. *place ici une virgule et interprète: « J'ai mal agi envers Ysolt la reine, par suite de quoi* (dunt *v.* 548) *m'est venu le désir et la force de m'accointer d'Ysolt aux Blanches Mains. » Nous avons préféré mettre ici un point et considérer avec* Fr. M. *les vers 548-554 comme une interrogation.*

U que jo unques l'espusai
Contre l'amur, cuntre la fei
Qu'a Ysolt m'amie dei ?
555 Encore la voil jo plus tricher
Quant pres me voil acointer,
Car par mes diz quir jo acaisun
Engin, semblance e traïsun
De ma fei a Ysolt mentir,
560 Pur ço qu'od ceste voil gesir.
Encuntre amur achaisun quer,
Pur mei en ceste delitier.
Ne dei trichier pur mun delit
Tant cum Ysolt m'amie vit ;
565 Que traïtre e que fel faz
Quant contre li amur purchaz.
Jo m'en sui ja purchacé tant
Dunt avrai duel tut mun vivant ;
E pur le tort que jo ai fait
570 Voil que m'amie dreiture ait,
E la penitance en avrai
Solunc ço que deservi l'ai :
Chulcher m'en voil ore en cest lit,
E si m'astenderai del delit.
575 Ne pois, ço crei, aveir torment
Dunt plus aie paine sovent
Ne dont aie anguisse greinur, (f° 8c)
Ait entre nos ire u amur ;
Car, si delit de li desir,
580 Dunc m'irt grant paine l'astenir,
E, si ne coveit le delit,

---

554 B. *Pas de point d'interrogation après ce vers.*
558 Sn.[1]] sembanco.
559 *Nous nous écartons de* Fr. M. *qui terminait ici la phrase et liait par le sens* 560 *et* 561. *Pour nous* 561-562 *vont ensemble* (*Cf.* B.).
562 Sn.[1]] cest, *cf. v.* 560.
568 Sn.[1]] duel tut *manque. Correction* B.
574 *Pour le futur, voir note v.* 530.
577 Sn.[1]] ai, *cf. v.* 576.

Dunc m'irt fort a sofrir sun lit.
U li haïr u li amer
M'irt forte paine a endurer.
585 Pur ço qu'a Ysolt ment ma fei,
Tel penitance preng sur mei,
Quant ele savra cum sui destreit
Par tant pardoner le mei deit. »

Tristran colche, Ysolt l'embrace,
590 Baise lui la buche e la face,
A li l'estraint, del cuer suspire
E volt iço qu'il ne desire ;
A sun voleir est a contraire
De laissier sun buen u del faire.
595 Sa nature proveir se volt,
La raison se tient a Ysolt.
Le desir qu'il ad vers la reïne
Tolt le voleir vers la meschine ;
Le desir lui tolt le voleir,
600 Que nature n'i ad poeir.
Amur e raisun le destraint,
E le voleir de sun cors vaint.
Le grant amor qu'ad vers Ysolt
Tolt ço que la nature volt,
605 E vaint icele volenté
Que senz desir out en pensé.

---

584 *Les formes en* ə˙ grande, forte, tele, *sont aussi dans* Ph. de Thaun, *cf.* Pope, par. 1244 *et* Sn.[1].
586 Sn.[1]] penitanco.
587 Sn.[1]] destraint. *La rime exige* destreit.
594 Sn.[1]] dl. v. 593-594 ; *C'est-à-dire: sa volonté est opposée à l'une comme à l'autre des alternatives.*
598-599 Désir (B., II, 287 *note*) *est ici l'amour dans un sens plus élevé;* voleir, *la concupiscence. Dans tout ce passage, Thomas oppose l'un à l'autre.*
603 Amur *est parfois masculin dans le texte, nous conservons la forme du ms.*
604 Sn.[1]] lature, *corr.* B.
605 Sn.[1]] vient. B. vaint]. *Cf. v.* 602.
606 Desir *étant ici amour au sens élevé.*

Il out boen voleir de li faire
Mais l'amur le fait molt retraire.
Gente la sout, bele la set (f° 8d)
610 E volt sun buen, sun desir het ;
Car s'il nen oüst si grant desir,
A son voleir poüst asentir ;
Mais a sun grant desir asent.
En paine est e en turment,
615 En grant pensé, en grant anguisse ;
Ne set cume astenir se poïsse,
Ne coment vers sa femme deive,
Par quel engin covrir se deive,
Nequedent un poi fu huntus
620 E fuit ço dunt fu desirus,
Eschive ses plaisirs e fuit
C'umcore n'oust de sun deduit.
Dunc dit Tristrans : « Ma bele amie,
Nel tornez pas a vilanie,
625 Un conseil vos voil geïr ;
Si vos pri molt del covrir,

---

607 Sn.[1]] d li.

609 *Le changement de temps étonne, mais n'est pas exclu à l'époque.* B.] Gente la sent.

610 Sn.[1]] dsir ; desir : *son amour pour Yseut la Blonde, qui en ce moment lui est à charge.*

611 Fr. M., B.] n'en.

613 Sn.] l'asent. *Corr.* B.

617-618 *Encore que la rime de mots identiques ne soit pas exclue, cf. v.* 119-120, *ces vers paraissent douteux.* Fr. M. *lit au v.* 618 se cleive, *mais ce mot ne figure pas* dans Go. ; B. *conserve les deux formes* deive *du ms.* ; Hoepffner *se demande si l'on ne peut attacher à la première un sens absolu (se comporter), cf. l'expression* « co que deit ». Reichnitz, *Z. f. fr. Spr. u. L.*, XXXVI, p. 295 : Ne coment sa femme deceive, *mais* vers *et* deive *sont bien lisibles dans le ms.*

619-620 Sn.[1]] huntuse, desiruse. *Si nous voulons admettre le saut de pensée qui appliquerait ces mots à Yseut, il faut mettre un point après* 618 *et* 622. B.] huntus, desirus.

621 Sn.[1]] paisirs.

622 Sn.[1]] cum core noust d sun deduit.

625 Sn.[1]] conseil que.

Que nuls nel sace avant de nos :
Unques nel dis fors ore a vos.
De ça vers le destre costé
630 Ai el cors une enfermeté,
Tenu m'ad molt lungement ;
Anoit m'ad anguissé forment.
Par le grant travail qu'ai eü
M'est il par le cors esmeü,
635 Si anguissusement me tient
E si pres de la feie me vient
Que jo ne m'os plus emveisier
Ne mei pur le mal travaillier.
Uncques pois ne me travaillai
640 Que treiz feiz ne me pasmai ;
Malades en jui lunges apres. (f° 9a)
Ne vos em peist si ore le lais :
Nos le ravrum encore asez
Quant jo voldrai e vos voldrez. »
645 — « Del mal me peise, Ysolt respont,
Plus que d'altre mal en cest mond ;
Mais del el dunt vos oi parler
Voil jo e puis bien desporter. »

Ysolt en sa chambre suspire
650 Pur Tristran que tant desire,
Ne puet en sun cuer el penser
Fors ço sulment : Tristran amer ;

---

627 Sn.[1]] saco.
630 Sn.[1]] emfermente.
634 Il, *neutre à valeur démonstrative, ne se rapporte pas à* enfermete *du vers* 630, *cf.* B. *et* Sneyders de Vogel, *Synt., historique, p.* 45.
640 Sn.[1] ne *manque.*
643 Sn.[1]] rovrum asez. Rött., *Tr. des Th.,*] Nos le delit ravrum asez. B. ravrum encore asez]. *Le vers de 6 syllabes étant exceptionnel dans le texte, nous acceptons la conjecture de* B.
646 Sn.[1]] Puls.
651 Sn.[1]] cue el. B. cuer el].
652 B.] sul que Tristan. *Le ms. a* sul *avec un crochet qui est peut-être une abréviation pour* ment ? *Cependant* sul *comme*

Ele nen ad altre voleir
Ne altre amur, ne altre espeir,
655 En lui est trestuit sun desir,
E ne puet rien de lui oïr ;
Ne set u est, en quel païs,
Ne si il est u mort u vis :
Pur ço est ele en greinur dolur.
660 N'oï piech'ad nule verur.
Ne set pas qu'il est en Bretaigne ;
Encore le quide ele en Espaigne,
La u il ocist le jaiant,
Le nevod a l'Orguillos grant,
665 Ki d'Afriche ala requere
Princes e reis de tere en tere.
Orguillus ert hardi e pruz,
Si se cumbati a tuz,
Plusurs afolat e ocist
670 E les barbes des mentuns prist ;
Unes pels fist de barbes granz,
Hahuges e bien traïnanz.
Parler oï del rei Artur (f° 9b)
Ki en tere out si grant honur,
675 Tel hardement e tel valur,
Vencu ne fut unc en estur ;
A plusurs combatu s'esteit
E trestuz vencu aveit.
Quant li jaianz cest oï
680 Mande lui cum sun ami

---

adverbe se trouve dans Wace, Ph. de Thaun *etc.; (cf.* Ronsjö, *p.* 99) ; *cf. dans notre texte* T.[1] 82, 117, D. 1128.

663 *Allusion à un épisode de* Wace, *où il nous est raconté que Riton (l'Orguillos grant) s'était fait un manteau orné des barbes des rois qu'il avait vaincus, mais qu'ayant défié Arthur il fut battu par lui* (*le Roman de Brut,* éd. Arnold, S.A.T., p. 603). Thomas *situe les aventures de son héros une ou deux générations après le roi Arthur* (*cf.* 664 *et* 731). *Cet épisode se retrouve dans les romans en prose du cycle arthurien.*

671 Sn.[1]] une. *cf. v.* 681.

673-674 u : o *cf.* D. 1311-1312, colurs : Turs.

Qu'il aveit unes noveles pels,
Mais urle i failli e tassels,
De barbes as reis, as baruns,
As princes d'altres regiuns,
685 Qu'en bataille aveit conquis,
Par force en estur ocis ;
E fait en ad tel guarnement
Cum de barbes a reis apent,
Mais que urle encore i falt ;
690 E pur ço qu'il est le plus halt,
Reis de tere e d'onur,
A lui mande pur s'amur
Qu'il face la sue escorcer
Pur haltesce a lui emveier,
695 Car si grant honur lui fera
Que sur les altres la metera.
Issi cum il est reis halteins
E sur les altres sovereins,
Si volt il sa barbe eshalcer,
700 Si pur lui la volt escorcer ;
Tuit desus la metera as pels,
Si em fra urle e tassels ;
E s'il emveier ne la volt,
Fera de lui que faire solt :
705 Les pels vers sa barbe meterat, (f° 9c)
Cuntre lui se combaterat ;
E qui veintre puit la bataille,
Amduis ait dunc senz faile.
Quant Artus ot icest dire,

---

684 Sn.[1]] De princes d'altre.
697 Sn.[1]] haltens.
705 *C'est-à-dire: comme enjeu.*
707 Sn.[1]] E veintre puit. B. E qui]. *Cf.* Wace, *Le roman de Brut, éd.* Arnold, *S.A.T.* v. 11978:

Et li quels qui l'autre ociroit
Ou qui vif vaintre le poroit,
La barbe eüst, preïst les piaus,
S'en feïst fere orle et tassiaus.

709 Sn.[1]] Qañt ; B. *se demande s'il faut lire* quant, *mais ce serait un exemple isolé dans ce ms. de la graphie* aunt *pour* ant.

710 El cuer out dolur e ire ;
Al jaiant cuntremandat
Qu'enceis se combaterat
Que de sa barbe seit rendant
Pur crime cum recreant.
715 E quand li jaianz cest oï
Que li reis si respondi,
Molt forment le vint requere
Tresque as marches de sa tere
Pur combatre encontre lui.
720 Ensemble vindrent puis andui,
E la barbe e les pels mistrent,
Par grant irrur puis se requistrent.
Dure bataille, fort estur
Demenerent trestuit le jor.
725 Al demain Artur le vencui,
Les pels, la teste lui toli.
Par proeise, par hardement
Le conquist issi faitement.
A la matire n'afirt mie,
730 Nequedent boen est quel vos die

---

714 Kölbing, *trad. de la Saga*, p. 181 : *lieber wollte er kämpfen als wie ein Feigling seinen Bart preisgeben* (§ 96).

708-721 *Dans cette partie remarquons qu'il y a 10 vers de 7 syllabes* (709 *et* 710 ; 711 *et* 712 ; 714 ; 716 ; 717 *et* 718 ; 719 ; 721) *dans lesquels n'intervient aucune diérèse qui pourrait faire hésiter sur le nombre.*

725 Sn.[1]] vecui.

728-735 B. *se demande si le scribe a omis quelques vers; la Saga ajoute ici un détail. Cf. l'édition* Kölbing, *traduction* (p. 181) : « *So griff der König ihn tapfer an und befreitete von ihm die Reiche der Könige und Järle und bestrafte ihn für seine Böswilligkeit.* » *Nous interprétons, en gardant la ponctuation de* Fr. M. : *le géant qui voulait avoir la barbe du roi et de l'empereur, que servait Tristan, était le neveu de celui dont on vient de parler* (*Orguillus grant*). Ki *se rapporte donc à* cist (esteit niz).

En ponctuant d'après B. (*un point après* voleit *v.* 732 *et une virgule après* Bretaigne, *v.* 736) ki *se rapporte à* cestui. *Donc d'après* B. *le géant était le neveu de celui qui voulait avoir les barbes, c'est la version de la Saga* (§. 97, *p.* 181). *Cf. v.* 664.

Que niz a cestui cist esteit
Ki la barbe aveir voleit
Del rei e del empereur
Cui Tristrans servi a icel jor
735 Quant il esteit en Espaigne
Ainz qu'il reparaist en Bretaigne.
Il vint la barbe demander, (f° 9d)
Mais ne la volt a lui doner,
Ne troveir ne pot el païs
740 De ses parenz, de ses amis
Ki la barbe dunc defendist
Ne contre lui se combatist.
Li reis em fu forment dolenz,
Si se plainst oianz ses genz ;
745 E Tristrans l'emprist pur s'amur,
Si lui rendi molt dur estur
E bataille molt anguissuse :
Vers amduis fu deluruse.
Tristrans i fu forment naufré
750 E el cors blecé e grevé.
Dolent em furent si amis,
Mais li jaianz i fu ocis ;
E pois icele naufreüre
N'oï Ysolt nul aventure,
755 Car ço est costume d'envie
Del mal dire e del bien mie ;
Car emvie les bons faiz ceille,
Les males ovres esparpeille.
Li sages hum pur ço dit
760 Sun filz en ancien escrit :

738-742 *Il est évident que* volt *a un autre sujet que* vint *du vers précédent; nous interprétons: on (roi) ne veut pas. La maladresse de ce passage est apparente, quelle que soit l'explication des v. 730-35, puisque* ses *(v. 740) se rapporte au roi et* lui *du v. 742 à celui qui vient réclamer la barbe.*

760 *Allusion à la* Disciplina clericalis *(cf. éd.* A. Hilka, Heidelberg, 1911, *p.* 6, 24-25). *Cf. aussi* P. Jonin, *Les personnages féminins dans les romans français du Tristan,* Aix, 1958, *p.* 380.

« Milz valt estre senz compainie
Que aveir compainun a envie,
E senz compainun nuit e jor
Que aveir tel u n'ait amor. »
765 Le bien celerat qu'il set,
Le mal dirat quant il le het ;
Se bien fait, ja n'en parlerat ;
Le mal a nul ne celerat :
Pur ço valt milz senz compainun (f° 10a)
770 Que tel dunt ne vient si mal nun.
Tristrans ad compainuns asez
Dunt est haïz e poi amez,
De tels entur March lu rei
Ki nel aiment ne portent fei :
775 Le bien qu'oient vers Ysolt ceilent,
Le mal par tuit esparpeilent ;
Ne volent le bien qu'oient dire,
Pur la reïne, ki le desire ;
E pur iço qu'il emvient,
780 Ço que plus het, ço en dient.

En sa chambre se set un jor
E fait un lai pitus d'amur :
Coment dan Guirun fu supris,
Pur l'amur de la dame ocis
785 Qu'il sur tute rien ama,
E coment li cuns puis li dona
Le cuer Guirun a sa moillier
Par engin un jor a mangier,

---

763 Sn.[1]] sez.

766 *Nous interprétons: quand il hait son compagnon, cf. v. 772. B. admet la possibilité d'une autre explication: « l'envieux dira le mal qu'il peut, alors que son compagnon hait le mal », sens qui lui paraît appuyé par le v. 780.*

780 B.] Ço qu'ele plus het. B. *propose aussi:* Ço que Tristrans plus het en dient. *Il nous semble plutôt que* het *a pour sujet inexprimé* elle *et que* en *se rapporte à Tristan.*

E la dolur que la dame out
790 Quant la mort de sun ami sout.

La reïne chante dulcement,
La voiz acorde a l'estrument.
Les mainz sunt beles, li lais buons (f° 10b)
Dulce la voiz, bas li tons.
795 Survint idunc Cariado,
Uns riches cuns de grant alo,
De bels chastés, de riche tere ;
A cort ert venu pur requere
La reïne de druerie.
800 Ysolt le tient a grant folie.
Par plusurs feiz l'ad ja requis
Puis que Tristrans parti del païs.
Idunc vint il pur corteier ;
Mais unques n'i pot espleiter
805 Ne tant vers la reïne faire,
Vaillant un guant em poïst traire,
Ne en promesse ne en graant ;
Unques ne fist ne tant ne quant.
En la curt ad molt demoré
810 E pur cest amor sujorné.
Il esteit molt bels chevaliers,

---

790 *Cf.* Fr. M., *t.* III, *p.* 95. *Il a déjà été question d'un lai de Gurun dans une partie du poème aujourd'hui perdue* (*cf.* Kölbing, *Saga, p.* XXXIV *et* Gottfried, 3524-3525, *cité par* Kölbing). *Un harpeur vient à la cour de Marc et chante le lai du seigneur Gurun et de son amie. Tristan y reconnaît un lai breton. Cf. aussi la reconstitution de* B., I, *p.* 51. Uc de St. Cyr *raconte que ce fut le sort pathétique de Saremonde, femme de Raymond de Castel-Roussillon, qui aima le troubadour Guilhem de Cabestaing* (M. Rosenberg. *Eleanor of Aquitaine,* p. 188).

793 Sn.[1]] bels, buens.

797 Chastés, *l'effacement de* l *devant consonne et derrière* e *n'est attesté que plus tard en angl.-norm.* (*cf.* Pope, *op. cit.*, § 1204). *Le même phénomène est signalé par* Hoepffner *dans Folie d'O., v.* 510 *où* chevrés = chevreuils.

799 Sn.[1]] druerire.

Corteis, orguillus e firs ;
Mes n'irt mie bien a loer
Endreit de ses armes porter.
815 Il ert molt bels e bons parleres,
Doneür e gabeeres :
Trove Ysolt chantant un lai,
Dit en riant : « Dame, bien sai
Que l'en ot fresaie chanter
820 Contre de mort home parler,
Car sun chant signefie mort ;
E vostre chant, cum jo record,
Mort de fresaie signifie :
Alcon ad ore perdu la vie. »
825 — « Vos dites veir, Ysolt lui dit : (f° 10c)
Bien voil que sa mort signifit.
Assez est huan u fresaie

---

812 firs, *graphie fautive ou rime caractéristique? Cf.* milz. *Dans* D. 943 fers: mener.

813 B.] n'iert. Irt, *fréquent pour le futur, se présente rarement pour l'imparfait. Voir v.* 418. Tanquerey, *op. cit.*, 571, *cite dans ce vers comme premier exemple* iert, *la forme amendée de* B. Irt *lapsus calami dans les deux vers?*

816 B.] Bels donoiere e bons gaberes. *Puisque la forme de l'accusatif se rencontre dans ce ms. pour le nominatif* (*cf.* Sn. *v.* 403 *et* 655, 821) *nous gardons la leçon du ms.*: doneur. *encore qu'elle s'accorde mal avec* parleres *et* gabeeres. *Question de rythme?*

819 *Présage emprunté à la Disciplina clericalis, ed.* Hilka, *p.* 14, 9-11.

819-820 Hilka (*Zeitschrift f. Franz. Sprache u. Litt.* XLV, *p.* 40 ss.) *lit au vers* 819 quand *et au vers* 820 covient. *Après le premier mot du v.* 820 *il y a un crochet qui souvent abrège* nt. *Cependant pour nous c'est* contre *qu'il faut lire; nous ne pouvons expliquer le crochet.*

824 *Passage très obscur.* Kölbing (*Saga, p.* CXXIII) *et* B. (I, p. 296) *ont taché d'expliquer les propos énigmatiques de Cariado. Celui-ci présente la nouvelle du mariage de Tristan comme un message de mort annoncé par le chant de l'oiseau de malheur qu'est ici Yseut. Ce qui est obscur, c'est le vers* 823 *où Cariado annonce la mort de la fresaie (Yseut) elle-même, mais ceci en termes si vagues qu'Yseut pourra lui répondre que c'est lui plutôt la fresaie et que c'est sa mort qu'elle annonce.*

Ki chante dunt altre s'esmaie.
Bien devez vostre mort doter,
830 Quant vos dotez le mien chanter,
Car vos estes fresaie asez
Pur la novele qu'aportez.
Unques ne crei aportisiez
Novele dunt l'en fust liez,
835 Ne unques chaenz ne venistes
Que males noveles ne desistes.
Il est tuit ensement de vos
Cum fu jadis d'un perechus,
Ki ja ne levast del astrier
840 Fors pur alcon home coroceir :
De vostre ostel ja nen isterez
Si novele oï n'avez
Que vos poissiez avant conter.
Ne volez pas luin aler
845 Pur chose faire que l'en die.
De vos n'irt ja novele oïe
Dunt vos amis aient honur,
Ne cels ki vos haient dolor.
Des altrui faiz parler volez,
850 Les voz n'irent ja recordez. »

Cariado dunc li respont :
« Coruz avez, mais ne sai dont.
Fols est ki pur voz diz s'esmaie.
Si sui huan, e vos fresaie,
855 Que que seit de la meie mort,
Males noveles vos aport
Endreit de Tristan vostre dru : (f° 10d)

---

831 Sn.[1]] estez.
839 Sn.[1]] astrir. B. astrier]. B. *se demande à quoi ces vers font allusion. Il ne relève que le sens cimetière.* Go s.v. astrier: *espèce de parvis où l'on rendait la justice.*
840 B.] corocier. *Puisque nous envisageons la possibilité que* -eir, -ier, -er *sont dans le ms. trois graphies pour la prononciation* -er, *la graphie du ms. peut être conservée.*
844 Sn.[1]] par.
855 Sn.[1]] mei.

Vos l'avez, dame Ysolt, perdu ;
En altre terre ad pris moillier.
860 Des ore vos purrez purchacer,
Car il desdeigne vostre amor
E ad pris femme a grant honor,
La fille al dux de Bretaigne. »
Ysolt respont par engaigne :
865 « Tuit diz avez esté huan
Pur dire mal de dan Tristran !
Ja Deus ne doinst que jo bien aie
Si endreit de vos ne sui fresaie !
Vos m'avez dit male novele,
870 Ui ne vos dirai jo bele :
En veir vos di, pur nient m'amez,
Ja mais de mei bien n'esterez.
Ne vos ne vostre droerie
N'amerai ja jor de m[a vie]
875 Malement porcha[cé me oüsse.]
Se vostre amor re[ceüse.]
Milz voil la sue aveir perdue
Que vostre amor receüe.
Tele novele dit m'avez
880 Dunt ja certes pro nen avrez. »

Ele s'en ad irée forment ;
E Cariado bien l'entent,
Ne la volt par diz anguissier
Ne ramponer ne corucer,
885 De la chambre viaz s'en vait,
E Ysolt molt grant dolor fait ;
En sun corage est anguissée
E de ceste novele irée.

(Fin f° 10 d. et du fragment Sn.[1])

---

864 Sn.[1]] esgaigne.
867 Sn.[1]] doist.
871 Sn.[1]] enveirs, *corr.* B.
874 Sn.[1]] de m... *corr.* B.
875 porch... *corr.* B.
876 amor r...use *corr.* B.
881 B.] s'est iree, Rechnitz, *art. cit.*] elle s'en aïre, s'aïrer *s'irriter. Les mots* ad iree *sont séparés dans le ms.*

LA SALLE AUX IMAGES

FRAGMENT DE TURIN [1] *

E les deliz des granz amors (f° 1a)
E lor travaus et lor dolurs
E lor paignes et lor ahans
Recorde a l'himage Tristrans.
5 Molt la baise quant est haitez,
Corrusce soi, quant est irez,
Que par penser, que par songes,
Que par craire en son cuer mençoignes,
Que ele mette lui en obli
10 Ou que ele ait acun autre ami ;
Que ele ne se pusse consirrer
Que li n'estoce autre amer,
Que mieuz a sa volunté l'ait.
Hiceste penser errer le fait.
15 Errance son corage debote ;

---

* *La mention* T *indique les leçons du ms., tel qu'il a été publié dans les Studi di Fil. rom. vol.* II, 1887, *par* Novati; *cette édition est diplomatique, sauf en ce qui concerne la ponctuation. Les corrections sont mentionnées avec le nom de l'auteur. Nous n'avons pas uniformisé les rimes, les écarts sont trop nombreux et s'expliquent le plus souvent par les graphies* (rai : fei, Ysodt : deut, angoisse : puisse).

3 paigne, *cf. v.* 8 mençoignes.
5 T.[1]] baisse.
6 *Graphie* oi, *importée du continent ?* Cambr. *qui présente cette graphie, est comme* Turin *du XIIIe siècle.*
8 Craire, *graphie pour* creire, *cf. p.* 41.
10 Nov. *mentionne que* ait *est en surcharge, mais de la même main.*
11 T.[1]] consurrer.

Del biau Cariados se dote
Que ele envers lui ne turne s'amor ;
Entur li est e nuit e jor,
E si la sert e si la losange,
20 E sovent de lui la blestange.
Dote, quant n'a son voler,
Que ele se preigne a son poer :
Por ce que ele ne puet avoir lui,
Que son ami face d'autrui.
25 Quant il pense de tel irur,
Donc mustre a l'image haiur,
Vient l'autre a esgarder ;
Mais ne volt ne seoir ne parler :
Hidonc enparole Brigvain,
30 E dist donç : « Bele, a vos me plain
Del change e de la trischerie
Que envers moi fait Ysode m'amie. »

---

16 *Il ne semble pas d'après nos fragments* (*cf. v.* 649 *et ss.* Sn.[1]) *que Tristan ait vu Cariado à la cour de Marc, puisque:*
Par plusurs feiz l'ad ja requis
Puis que Tristans parti del païs. (*v.* 801-802).
La jalousie inexpliquée de Tr. a fait l'objet de commentaires de la part de Novati (*Studi, p.* 378) *et de* Bédier, I, *p.* 315, *qui tous deux repoussent l'hypothèse d'une interpolation.* Novati *attribue l'incohérence au fait que* Thomas *écrivait pour un public qui connaissait probablement la légende. Cet épisode est raccourci dans la Saga où Cariado n'est pas cité comme faisant l'objet de la jalousie de Tristan.*

17 *La syntaxe, évidemment, exigerait* turt (B), *mais* Novati *est catégorique.*

18-19 *Cf. v.* 436 *et* 437 D.

22 Preigne : *subj. analogique dont ce vers donne un des premiers exemples. Cf.* Tanquerey, *op. cit., p.* 329.

27 Nov. Et vient]. B.] Nient ne la volt esgarder.

28 T.[1]] soir. B.] Ne la volt veoir n'emparler. *Pour nous v.* 28 *se rapporte par un procédé maladroit au v.* 26.

27-28 Hoepffner *m'a fait remarquer que l'inversion des vers* 27-28 *rétablirait le sens. Dans ce cas* mais *adv. aurait le sens de* plus.

29 T.[1]] ne parole. B.] emparole.

32 *Nous conservons* Ysode *du ms. mais nous remarquons que le* ə *final ne semble pas avoir été prononcé,* Ysodt *en est une variante.*

Quanque il pense a l'image dit ;
Poi s'en dessevre un petit,
35 Regarde en la main Ysodt,
L'anel d'or doner li volt,
Vait la chere e le senblant
Qu'au departir fait son amant ;
Menbre lui de la covenance
40 Qu'il ot a la desevrance ;
Hidonc plure e merci crie
De ce que pensa folie,
E siet bien que il est deceü
De la fole irur que il a eü.
45 Por iço fist il ceste image
Que dire li volt son corage,
Son bon penser et sa fole errur,
Sa paigne, sa joie d'amor,
Car ne sot vers cui descoverir
50 Ne son voler, ne son desir.

Tristran d'amor si se contient,
Sovent s'en vait, sovent revent,
Sovent li mostre bel semblant,
E sovent lait, com diz devant.
55 Hice li fait faire l'amor,
Que met son corage en errur.
Se sor tute rien li n'amast,
De nul autre ne se dotast :
Por ço en est en suspecion
60 Que il n'aimme riens se li non.
S'envers autre amor eüst,
De ceste amor jalus ne fust ;
Mes por ce en est il jalus

---

34 T.[1]] deseusle et petit. B.] Puis ... desseüre. No.] **desenfle.**
43 Siet *graphie pour* set.
50 Voler, -er *pour* eir.
52 Revent *graphie pour* revient.
54 T.[1]] laiz.
56 T.[1]] Son corge.
57 T.[1]] lui amast ; *corr.* Nov.

Que de li perdre est poürus.
65 De li perdre n'eüst il ja pour, (f° 1b)
Ne fust la force de l'amor ;
Car de ce qu'a l'homme n'est rien,
Ne li chaut si vait mal ou bien.
Coment deveroit de ce doter
70 Dont unques n'ot rien en penser ?
Entre ces quatre ot estrange amor :
Tut en ourent painne e dolur,
E un e autre en tristur vit ;
E nuls d'aus nen i a deduit.
75 Primer se dote Marques le rai
Que Ysod ne li porte foi,
Que ele aime autre de lui :
Quel talent que en ait, soffre l'ennui.
Hice li doit bien ennuier
80 Et en son corage angoisser,
Car il n'aime rien ne desire
Fors soul Ysode que de lui tire.
Del cors puet faire son delit,
Mes ice poi a lui soffit,
85 Quant autres en a le corage,
De ce se derve e enrage ;
Pardurable est la dolur
Que ele envers Tristran a s'amor.
Apres le rai c'en sent Ysodt,
90 Que ele a ce que avoir ne volt,

---

70 riens *faute de copiste ?*
74 T.[1]] En mis de aus ne ni a deduit; *corr.* Muret, *Rom.*, XVIII, *p.* 177 : En nus de aus ne ni a deduit.
75 Rai, *confusion* ai, ei.
78 Nov.] Quel talent ait.
82 Nov.] qui ? *mais* que *est possible et se trouve pour le nominatif, cf. v.* 56, 106, 164 etc. *Nous interprétons: Marc ne désire qu'Yseut qui se détache de lui.* Tirer *est rare, mais ce sens s'explique à côté de* traire. B. : *qui est fatiguée de lui.*
85 autres *décliné comme substantif.*
86 T.[1]] deve ; *corr.* B.
89 T.[1]] s'en sent Ysodt. B.] ceo sent.

D'autre part ne puet avoir
Hice dont ele a le volair.
Li rois nen a que un turment,
Mais la raïne duble entent.
95 Ele volt Tristran e ne puet :
A son seignor tenir l'estuet,
Ele ne le puet guerpir ne laisser,
N'ele ne se puet deliter,
Ele a le cors, le cuer nel volt :
100 C'est un turment dont el se deut ;
Et l'autre est que Tristran desire,
Si li deffent Marques sis sire
Que ensenble ne poent parler,
Et el que lui ne poet amer ;
105 Ele set bien soz ciel n'a rien
Que Tristran voile si grant bien.
Tristran volt li e ele lui,
Avoir nel puet : c'est l'ennui.
Duble paigne, doble dolur
110 Ha dan Tristran por s'amor.
Espus est a icele Ysodt
Que amer ne puet, ne amer ne volt.
Il ne la puet par droit guerpir,
Quel talent que ait, li estut tenir,
115 Car ele nel volt clamer quite.
Quant l'embrasce, poi se delite,
Fors soul le non que ele porte :
Ce, sevaus, auques le conforte.

---

99 T.[1]] cors nel le cuer nel volt. *Le premier* nel *exponctué.*
100 *Une correction facile consisterait à prendre* dolt (Nov.) *mais la graphie du ms. pourrait être la preuve de la vocalisation de* l *dans la langue du scribe tout au moins cf. v.* 120 *et* 127-128, 158-159.
102 T.[1]] si sire ; *corr.* B.
104 T.[1]] Et el quel leu ; *corr.* Nov.
108 T.[1]] cet l'ennui, *corr.* Nov. B.] avoir ne la puet, *corr. fautive sans doute, c'est Yseut qui regrette son ami.*
109 T.[1]] Duble painne paigne.
113 T.[1]] na la.
114 T.[1]] estut li tenir ; *corr.* Nov. :] Quel talent ait.

Il ha dolur de ce que il a,
120 E plus se deut de ce que il nen a.
La bele raïne, sa amie,
En cui est sa mort e sa vie ;
E por ce est duble la paigne
Que Tristan por ceste demainne.
125 Por cest amor se deut al mains
Ysode, sa feme, as blanchemains :
Que que soit ore de l'autre Ysodt,
Hiceste sanz delit se deut
Ele n'a delit de son seignor (f° a)
130 Ne envers autre nen a amor ;
Cestui desire, cestui ha,
E nul delit de lui nen a.
Hiceste est a Marque a contraire,
Car il puet d'Isode son bon faire,
135 Tuit ne puisse il son cuer changier ;
. . . .
Ceste ne set ou deliter,
Fors Tristran sanz delit amer ;
De lui desire avoir deduit,
E rien nen a ne li enuit.
140 L'acoler e le baisier
De lui vousist plus asaier ;

---

120 Nov.] E plus de ce que il nen a.
122 *Cf.* Gottfr. v. Strassbourg, *v.* 19413-14 (*éd.* Closs) :
« Isôt ma drue, Isôt m'amie
En vus ma mort, en vus ma vie. »
et M. de France, *Eliduc,* 671. *D'après* Bossert (*T. I,* 86) *le refrain daterait d'un ancien lai.* Béd. *admet* (I, 258) *qu'il était aussi dans* Thomas.
135 T.[1]] changuer. *D'après* Nov. *il manque ici un vers dans le ms., ce que la rime paraît indiquer.*
136 T.[1]] on deliter. B. *place ici la lacune que* Nov. *signale après le v.* 135, *ce qui s'accorde mieux pour le sens.*
139 T.[1]] ne li n'enuit. *Le verbe avoir est sans doute impersonnel. Le vers s'explique en supposant un* qui *inexprimé. La présence de* nen *et de* ne *a amené le copiste à écrire un* 3e ne *que nous supprimons.*
140 T.[1]] baisser.

Il ne li puet abandoner,
Ne ele ne le volt pas demander.
Hici ne sai que dire puisse,
145 Quel de aus quatre a greignor angoisse,
Ne la raison dire ne sai,
Por ce que esprové ne l'ai.
La parole mettrai avant,
Le jugement facent amant,
150 Al quel estoit mieuz de l'amor
Ou sanz lui ait greignor dolur.

Dan Marques a le cors Ysodt,
Fait son bon quant il en volt ;
Contre cuer li est a ennui
155 Que ele aime Tristran plus de lui,
Car il n'aimme rien se li non.
Ysode rest al rai a bandon :
De son cors fait ce que il volt ;
De cest ennui sovent se deut,
160 Car envers le rai n'a amor :
Suffrir li estuet com de son seignor,
E d'autre part el n'a volair
Fors Tristran son ami avoir,
Que feme a prise en terre estrange ;
165 Dote que curruz ait al change,
E en espoir est nequedent
Que vers nului n'ait nul talent.
Ysolt Tristran soule desire

---

157 rest, *c.-à-d.* Ysode *de son côté est...*
159 T.[1]] ceste.
161 Nov.] com son seignor. G. P. et B.] l'estuit com de seignor.
168 T.[1]] soul ; *corr.* B. *De la correction dépend l'interprétation de ce passage où* B. *et* Nov. *divergent. Pour nous, le poète ayant exposé les sentiments de Marc* (*v.* 152-156) *et ceux d'Yseut la Blonde* (*v.* 157-167) *passe à l'analyse de Tristan. Dès lors, Ysolt étant complément dans le v.* 168, *les v.* 174-175 (*où nous rejetons la correction de* Nov.) *s'expliquent. Cf. aussi* B., I, p. 321. *Si Ysolt est sujet, le v.* 173 *est inexplicable, car Yseut ignore l'attitude de Tristan envers Yseut aux Blanches Mains.*

E siet bien que Marques sis sire
170 Fait de son cors tut son volair,
E si ne puet delit avoir
Fors de volair ou de desir.
Feme a a quil ne puet gesir,
E que amer ne puet a nul fuer,
175 Mais rien ne fait encontre cuer.
Ysolt as blansdoiz, sa moiller,
Ne puet el mond rien covaiter
Fors soul Tristran, son bel seignor,
Dont ele a le cors sanz amor :
180 Hice l'en faut que plus desire.
Ore puet qui set esgart dire
A quel de l'amor mieuz estoit,
Ou qui greignor dolur en ait.

Ysodt as Blanchesmains la bele
185 Ovec son signor jut pucele ;
En un lit se cochent amedui
La joie ne sai, ne l'ennui.
Ne li fait mais com a moiller
Chose ou se puisse deliter.

---

169 T.[1]] si sire.

172 *L'opposition* voleir-desir *semble abandonnée ici. Cf.* Sn.[1] *v.* 597-598.

174 T.[1]] ne puet a tel fuer. Nov.] Amer deut. *En gardant* puet, tel fuer *est difficile à expliquer, une confusion* tel-nul *est possible et* nul *est satisfaisant pour le sens.*

175 *Cf. v.* 154 *où l'attitude de Marc s'oppose à celle de Tristan. Nous ne voyons pas dans ce vers comparé à* 153 *le désaccord qu'y trouve* Nov. *Cf. aussi* B., I, *p.* 321.

176 *C'est la seule fois où nous trouvons* Blanches doiz. *Le poète a sans doute mis* blansdoiz (Béd. *dirait, pour la mesure); la faute du scribe qui a eu présent à l'esprit Blanches-mains, s'explique aisément.*

177 T.[1]] monde. *Rem. les graphies* mond, covaiter.

181 B.] cest esgarde. *La leçon du ms. s'explique en interprétant : à présent celui qui sait peut dire son jugement, son avis* (esgart). *Nous devons cette interprétation à* Hoepffner.

190 Ne sai se rien de delit set
Ou issi vivre aimme ou het ;
Bien puet dire, si l'en pesast,
Ja en son tens ne le celast, (v° b)
Com ele l'a, a ses amis.
195 Avint issi qu'en cel païs
Danz Tristan e danz Caerdins
Dourent aler o lor voisins
A une feste por juer.
Tristran i fet Ysode mener :
200 Caerdins li chevauche a destre
E par la raigne la senestre,
E vount d'envoisures plaidant.
As paroles entendent tant
Qu'il laissent lor chevaus turner
205 Cele part qu'il volent aler.
Cel a Caerdin se desraie,
E le Ysodt contre lui s'arbroie ;
Ele le fiert des esperons.
Al lever que fait des chalons
210 A l'autre cop que volt ferir,

---

190 T.[1] se *manque. Le vers amendé par* G. Paris (*cf.* B.) *est clair et la réflexion de l'auteur s'applique évidemment à Yseut aux Blanches Mains.*
191 T.[1]] Ou issi niure ; *corr.* G. P.
192 puet, *au sens de l'on peut.*
197 T.[1]] voisin.
198 Nov. juer = turneier ; *cf.* Douce *v.* 886 *et ss. La correction* B. : urer *repose sur un passage de la Saga, chap.* LXXXII (Kölbing, *p.* 95) : « Herra Tristram ... ok Kardin til eins heilag Stadar, at bidjast fyrir. » (« Herr Tristram ... mit Kardin zu einer heiligen Stätte ziehen wollte, um ihre Gebete zu sprechen. »)
200 T.[1]] le.
201 *Geste de courtoisie, le chevalier tenait la rêne du cheval de la dame. Dextrare et sinistrare sont mentionnés avec ce sens dans* du Cange. *Cf. aussi* Béroul, *éd.* Muret, *v.* 2948. *Pour Kaherdin c'est la gauche.*
200 T.[1]] le.
209 Nov. *propose* des talons ; B. d'eschalons, *mot dont le sens lui est inconnu.* G° *mentionne* eschalon *au sens d'étoffe. De même sans date,* chalun *que nous conservons ici.*

Estuet li sa quisse aoverir ;
Por soi tenir la destre estraint.
Li palefrois avant s'enpaint,
E il escrille a l'abaissier
215 En un petit cros en euvier.
Li piez de novel ert ferrez :
Ou vait el tai s'est cruïssé ;
Al flatir que il fait el pertus,
Del cros del pié saut eaue sus ;
220 Contre les cuises li sailli,
Quant ele ses cuisses enoveri
Por le cheval que ferir volt.
De la fraidure s'esfroie Ysodt,
Gete un cri, e rien ne dit,
225 E si de parfont cuer rit
Que, si ere une quarantaigne,
Oncore s'astent adonc a paigne.
Caerdins la voit issi rire,
Quid lui ait oï dire
230 Chose ou ele note folie
Ou mauvaisté ou vilannie,
Car il ert chevaler hontus
E bon e frans e amerus.
De folie a por ce poür

---

211 T.[1]] aoeverir.
214 T.[1]] l'escrie ; *corr.* B.
215 Nov. *lit* ennuier, B. enmiser. Muret, *Rom.* XVIII, *propose* euvier, B. *encore* en taier, *suggéré par le v.* 217. *Dict. Gén.:* euwier XIII s. (Tailliar, *Recueil,* p. 153) *1re attestation ici ?*
217 T.[1]] cruisser. B. s'est encrosez]. Nov. *n'a aucun doute sur la lecture* cruisser, *et explique le mot d'après* crosciare, *faire du bruit en entrant dans l'eau. La correction* B. *est plus satisfaisante pour le sens et semble appelée par le v.* 219.
218-219 Nov. *lit* e[u]ve, B. e[a]ve. Pertuis (pertus): sus, *rime admissible.*
226 *La Saga, chap.* LXXXII, *indique ici (trad. de* Kölbing): « und so lange lachte sie, dass sie fast eine halbe Viertelmeile lachend ritt. » *Nous admettons plutôt avec* G. Paris *et* B. *le sens de quarantaine = cérémonie religieuse.*
227 T.[1]] estent adonc a paigne. B.] astenist, *plus satisfaisant.*
229 T.[1]] Q. de, Nov.] Quid de. B.] Quide que.

235 El ris qu'il vait de sa sorur ;
Honte li fait poür doter.
Hidonc li prent a demander :
« Ysode, de parfont reïstes,
Mais ne sai dont le ris feïstes.
240 Se la verai achoison ne sai,
En vos mais ne m'afierai.
Vos me poez ore bien deçoivere :
Se je apres m'en puis aperçoivere,
Ja mai certes com ma sorur
245 Ne vos tendrai ne foi ne amor. »
Ysode entent que il li dit,
Set que, se de ce l'escondit,
Que il l'en savera molt mal gré,
E dist : « Ge ris de mon pensé
250 D'une aventure que avint,
E por ce ris que m'en sovint.
Ceste aigue, que ci esclata,
Sor mes cuisses plus haut monta
Que unques main d'ome ne fist,
255 Ne que Tristran onques ne me quist.
Frere, ore vos ai dit le dont .... »
. . . .

(Fin du Ier fragment de Turin)

---

235 vait, *graphie pour* voit.
243 Nov.] parçoivre.
247 T.[1]] li escondit.

LE CORTEGE DE LA REINE

FRAGMENT DE STRASBOURG[1]

E vunt s'ent dreit vers Engleterre
Ysolt veeir e Brengien querre ;
Ker Kaerdin veeir la volt,
E Tristan volt veeir Ysolt.

5 Que valt que l'um alonje cunte,
U die ce que n'i amunte ?
Dirrai la sume e la fin.
Entre Tristran e Kaerdin
Tant unt chævalchié e erré
10 Qu'il vienent a une cité
U Marke deit la nuit gisir.
Quant il ot qu'il i deit venir
(La veie seit e le chemin),
Encuntre vait od Kaerdin.
15 De luin a luin vunt cheminant
E la rocte al rei purveant.
Quant la rocte al rei fu ultrée,

---

* *L'indication* Str. *repose sur l'édition* Fr. M., *t.* III, *p.* 83-94.
5 Fr. M.] à l'ome ; *corr.* B.
8 B. *signale que la Saga qui traduit les v.* 1-4 *et* 8-20 *de* Str.[1] *ne contient rien qui corresponde au reste de ce fragment* (B., I, *p.* 333).
12 *Remarquons la construction* : *le pronom* il *se rapporte d'abord à Tristan, puis à Marc.*
13 seit, *graphie erronée pour* set, *assez répandue à l'Est, mais qui peut s'expliquer aussi comme graphie inverse. D'après* Tanquerey, *elle est commune entre* 1150 *et* 1250, *cf.* Menger, *op. cit., p.* 40 *pour d'autres exemples.*

La la reïne unt encuntrée :
De fors le chemin dunc descendent,
20 Li varlet iluec l'atendent.
Il sunt sur un chasne munté,
Qu'esteit sur un chemin ferré ;
La rote poent surveeir,
Els ne pue[nt] aperceveir.
25 Vienent garzun, vienent varlet,
Vienent seuz, vienent brachet
E li curliu e li veltrier
E li cuistruns e li bernier
E marechals e herberjurs
30 Cils sumiers [e cils chaceürs]
Cils chevals, palefreis [en destre,]
Cils oisels qu'e[n] porte a senestre.
Grant est la rocte e le chemin.
Mult se merveille Kaerdin
35 De la rote qui ensi est grant
E des merveilles qu'il i ha tant,
E qu'il ne veit la reïne
Ne Brengien la bele meschine.
Atant eis lur les lavenderes
40 E les foraines chamberreres

---

19 Str.[1]] de ors.
20 B.] vaslet.....les atendent. Varlet, *forme caractéristique de l'anglo-normand. Pour* B. *le pronom* les *se rapporte à Tristan et Kaherdin. On pourrait interpréter*: *les jeunes gens (Tr. et K.) attendent la* « rocte la reine » *sur la route.*
24 nen pue... *ici le ms. présentait une déchirure.* Fr. M.] n'en puent-il. B.] puet l'um.
25 Str.[1]] vatlet.
28-32 *En avançant le scribe semble avoir oublié que les substantifs sont au nom. pluriel*: *remarquons qu'ils se trouvent derrière le verbe, qui est loin.* Cils *est sans doute une forme analogique.*
30 *Déchirure*; *conjecture* B., *pour fin du vers.*
31 *Déchirure*; *conjecture* Fr. M., *pour fin du vers.*
32 Fr. M.] que. B.] qu'um.
37 Str[1]] neu.
38 Str.[1]] neu.
40 Str.[1]] chanberreres.

Ki servent del furain mester,
Del liz aturner, del eshalcer,
De dras custre, des chiés laver,
Des altres choses aprester.
45 Dunc dit Kaerdin : « Or la vei. »
— « Ne vus, dit Tristran, par ma fei !
Ainz sunt chanberreres fureines
Qui servent de grosses ovraines. »
A ce eis lur li chamberlangs ;
50 Apres lui espessist li rangs
De chevaliers, de dameisels,
D'ensegnéz, de pruz e de bels ;
Chantent bels suns e pastureles.
Apres vienent les dameiseles,
55 Filles a princes e a baruns,
Nées de plusurs regiuns ;
Chantent suns e chanz delitus.
Od eles vunt li amerus,
Li enseignéz e li vaillant ;
60 De druerie vunt parlant,
De veir amur e de ....
Quel bels senblant seit de ..
Sulunc ce qu'en l'amur ....
Par fo.. e de raisun l......

---

42 B.] des halcer. Mussafia, *Rom.*, XXXIII, *p.* 415, *a élevé des objections contre la correction* B., *inutile pour nous.*

43 Str.[1]] chief. Béd. *note*: *l'heroïne du Roman de l'Escoufle, réduite à l'indigence, gagne sa vie* à laver les chies aux hauz homes. *Sur ce curieux métier cf.* P. Meyer, *Introduction à l'Escoufle*, p. XIV.

45 Str.[1]] le.

47 Str.[1]] fureine.

48 Str[1]] ovraine.

50 Str[1]] le.

51 Str.[1]] chevalerie ... dameiseles.

52 Str.[1]] enseignées, beles. *Le masc. s'impose, cf. v.* 54.

57 Str.[1]] chant; *corr.* B.

59 *Déchirure; conjecture* Fr. M.: vaillanz; *corr.* B. *cf. v.* 50, *ici encore adaptation à la rime.*

61-66 *La fin des vers manquait. Rem.* veir amur, *masc.? Le mot est le plus souvent féminin.*

65 Vers els que entre ....
Dunc dit Kaerdin : « Ore la vei !
Ceste devant est la reïne.
E quele est Brengien la meschine ? »
....

(Fin du premier fragment de Strasbourg)

FIN DU POÈME

FRAGMENT DE TURIN[2]

. . . .
Dolente en est e mult iree ; (T.[2] f° 2a)
Part s'en d'iloques correcee,
Pres de la vait ou trove Ysodt,

---

3 T.[3] *Lettres effacées après* Pr.... *Il reste quelques traits qui font lire* vait.

FIN DU POÈME

FRAGMENT DOUCE *

....

Qui pur Tristran el cuer se dolt, (D f° 1a)
« Dame », dit Brengvein, « morte sui.
Mar vi l'ure que vus cunui,
E vus e Tristran vostre ami !
5 Tut mun païs pur vus guerpi,
E pus, pur vostre fol curage,
Perdi, dame, mun pucelage.
Jol fiz, certes, pur vostre amur :
Vus me pramistes grant honur,
10 E vus e Tristran le parjure,
Ki Deu doinst ui mal aventure
E dur encunbrer de sa vie !
Par li fu ge primer hunie.
Membre vus u vus m'enveiastes
15 A ocire me cummandastes ;

---

* *A partir d'ici nous suivons le ms.* Douce *et nous ne mentionnons* T. 2 *d'après* Novati, *Studi, p.* 505, *que s'il y a des écarts significatifs. Nous ne relevons pas les lettres illisibles ou qui manquent dans* T. 2 *si la version de* D. *est satisfaisante* : *là où* D. *semble défectueux, nous recourons à* T. *en mentionnant la leçon rejetée dans les notes.*

1 T.[2]] Que por l'amor Tristan se dout.
14 T.[2]] .ou menvoiastes D] me veiastes ; *la chute de la syllabe initiale* (enveiastes) *se trouvera fréquemment en angl.-norm. à partir du XIIIe s. Nous préférons la forme allongée à cette époque d'autant plus qu'elle est appuyée par* T.[2] (*Cf.* D. 1486 *où* Sn. *a* veie *pour* enveie.)

Ne remist en vostre fentise
Que par les sers ne fui ocise ;
Melz me valuit la lur haür,
Ysolt, que ne fiz vostre amur,
20 Chetive et malveise fui
Quant puis icel ure vus crui,
Que unques vers vus amur oi,
Pus ke ceste mort par vus soi.
Pur quei n'ai quis la vostre mort,
25 Quant me la quesistes a tort ?
Cel forfez fud tut pardoné,
Mes ore est il renovelé
Par l'acheisun e par l'engin
Que fait avez de Kaherdin.
30 Dehait ait la vostre franchise,

---

16 T.[2]] franchise. Remist *pour* remest *est fréquent.* B. *préfère* franchise, *qui s'accorde mieux, dit-il, avec le v.* 30. *Il nous semble que la leçon* D. *mérite d'être retenue, avec le sens: il n'a pas tenu à votre déloyauté que je n'aie été tuée. L'erreur s'explique facilement: le poète oppose constamment* fentise *à* franchise (*loyauté*). *Cette opposition se retrouve dans Folie d'O., v.* 937-938.

18 D.] meliz.

20 B.] maleoite. Go *donne maluise au sens de malheureuse, mais précisément dans ce vers.* T.[2]] mauvaise. Foerster, *dict. de Chrét. de Troyes,* mauvais: *böse, elend, feig. Nous lisons* malvise (*pour* malveise).

21 D.] Quant puis jo el ure vus crui. *La faute pourrait s'expliquer ainsi:* j *et* i *alternent;* o *et* c *se confondent aisément, le copiste de* D. *aurait donc mal lu* icel.

23 D.] cete. B., *note v.* 1290, *remarque que c'est en effet par Yseut que Br. connaît le meurtre tenté sur elle. Nous interprétons plutôt: « depuis que je suis au courant de ce meurtre tenté par vous. »*

25 D.] quesitest. T.[2] Quand la moie queistes. Reichnitz *propose*] la me.

27 D. *donne fréquemment* ẽ *pour* est ; *cf.* Pope, *op. cit.,* § 1222, *sur la notation plus phonétique des scribes angl.-norm.*

28 T.[2]] traison, *qui va mieux pour le sens et que* B. *préfère. Mais* acheisun *au sens de cause, motif est admissible.*

30 D.] Dehait la vostre. Ewert, c. r. *French Studies,* 1952, p. 153, *propose* de li ait, *mais quel en serait le sens ? Cf. v.* 302.

Quant si me rendez mun servise !
C'est ço, dame, la grant honur
Que doné me ad pur vostre amur ?
Il voleit aver cunpaignie
35 A demener sa puterie :
Ysolt, ço li feïstes fere
Pur moi a la folie traire ;
Vus m'avez, dame, fait hunir
Pur vostre malveisté plaisir.
40 Vus m'avez mise a desonur : **(D. f° 1b)**
Destruite en ert nostre amur.
Deus ! tant le vus oï loer,
Pur fere le moi enamer !
Unc ne fud hum de sun barnage,
45 De sun pris, de sun vasselage :
Quel chevaler vus le feïstes !
Al meliur del mund le tenistes,
E ço est ore le plus recraant
Ki unc portast n'escu ne brant.
50 Quant pur Kariado s'en fuit,
Sun cors seit huniz e destruit !
Quant fuit pur si malveis hume,
Ja n'ad plus cuard desqu'a Rume.
Ore me dites, reïne Ysolt,

---

31 *Dans* T.[2] franchise *a été exponctué et remplacé par* servise.
33 *On peut interpréter : « est-ce là le grand honneur que Kaherdin m'a donné pour l'amour de vous ? » Cf.* v. 34 il. *L'ironie de ce vers nous semble confirmée par les v.* 42-47. T.[2]] done m'avez por amor.
36 D.] feistest.
38 D., T. fait *manque*.
39 D.] maveisté plaiser. *l'alternance* -er, -ir *chez les scribes est fréquente*.
40 D.] mis. T.[2] mise].
41 D.] vostre. T.[2]] a ... ostre.
44 D.] hume.
45 T.[2] De sun pris, de sun vasselage]. D.] Del pris de si grant vasalage.
47 D.] tenites, mund, *orthographe latinisante ?* (T.[2] monde).
52 D. fuit *manque ;* T.[2] fuit].

55 Des quant avez esté Richolt ?
U apreïstes sun mester
De malveis hume si apreiser
E de une caitive traïr ?
Pur quei m'avez fait hunir
60 Al plus malveis de ceste terre ?
Tant vaillant me sunt venu querre !
Cuntre tuz me sui ben gardee (T[2] f° 2b)
Ore sui a un cuard dunee !
Ço fud par vostre entisement.
65 Jon averai ben le vengement
De vus, de Tristran vostre ami :
Ysolt, e vus e lui deffi ;
Mal en querrai e damage
Pur la vilté de ma huntage. »

70 Quant Ysolt ceste curuz entent
E ot icest desfiement
De la ren del mund que plus creit
E que melz s'onur garder deit,
(Icest est sa joie e sun hait
75 K'issi vilement li dit tel lait),
Mult en est al quer anguissee
Od ço qu'ele est de li iree :
Pres del quer ses ires venent
Dubles anguises al quer li tenent ; (D. f° 1c)

---

56 T.[2]] ce mester.
59 T.[2]] si fait.
61 T.[2] querre]. D.] requerre.
64 D.] funt ... tisement. T. enticement]. *Pour* fud *cf.* D 989 *et* 991.
65 D.] avarai. T. averai].
68 Ewert *art. cit., lit dans l'abréviation de* D. est.
68-69 *manquent dans* T.[2].
70 D.] cete.
75 T.[2]] Ke si.
76 D.] anguisse (*v.* 77, iree).
78 T.[2]] li venent.
79 T.[2] Dubles ... li t.] D.] Duble ... la t. Muret, *Rom.*, XVIII, *p.* 178, *propose* deus ang.

80 Ne se set de la quele defendre,
N'a qui ele se puisse prendre ;
Suspire e dit : « Lasse, caitive !
Grant dolz est que jo tant sui vive,
Car unques nen oi se mal nun
85 En ceste estrange regiun.
Tristran, vostre cors maldit seit !
Par vus sui jo en cest destreit !
Vus m'amenastes el païs,
En peine jo ai esté tuz dis ;
90 Pur vus ai de mun seingnur guerre
E de tuz ceus de ceste terre,
Privéement u en apert.
Qui'n calt de ço ? ben l'ai suffert,
E suffrir uncore le peüse,
95 Se l'amur de Brengvein eüse.
Quant purchaser me volt contraire
E tant me het, ne sai que faire.
Ma joie soleit maintenir :
Tristan, pur vus me volt hunir.
100 Mar acuintai unc vostre amur,
Tant en ai curuz e irur !
Toleit m'avez tuz mes parenz,
L'amur de tutes estranges genz.
E tut iço vus semble poi,
105 Se tant de confort cum jo oi

---

81 T.[2]] Ne a la quel[e] se puisse prendre.
83 T.[2]] Grant duel est que tant...
84 D.] male.
87 D.] ceste.
89 T.[2]] i ai ... tut. D.] tut.
91 D.] tut.
93 T.[2]] Qi en chaut de ce, bien l'ai soffert.
97 D.] fair.
98 D.] maintener ; *l'alternance* -er, -ir *est fréquente.*
99 D.] mult.
103 T.[2]] tuz.
104 Rött. *corrige:* me semble poi. *Correction inutile; l'amertume n'est pas déplacée dans ce passage.*

Ne me tolisez al drein
Ço est de la franche Brengven.
Si vaillante ne si leele
Ne fud unques mais damisele ;
110 Mais entre vus et Kaherdin
L'avez sustraite par engin.
Vus la vulez a vus mener
Ysolt as Blanches Mains guarder ;
Pur ço que leele la savez,
115 Entur li aveir la vulez ;
Emvers mei errez cum parjure,
Quant me tolez ma nurreture.
Brengvein, membre vus de mon pere **(D. f° 1d)**
E de la priere ma mere !
120 Si vus me guerpisez ici
En terre estrange, senz ami,
Que frai dunc ? coment viverai ?
Car comfort de nuli nen ai.
Brengvein, si me vulez guerpir,
125 Ne me devez pur ço haïr,
Ne emvers mei querre acheisun
D'aler en altre regiun ;
Car bon congé vus voil doner, **(T^2. f° 2c)**
S'a Kaherdin vulez aler.

---

107 *Leçon* D. *avec intercalation de* est (Turin) ; *ce mot, souvent rendu par* ē, *dans* D., *peut être tombé*.

108 *Remarquons rime* e < a : e < ĭ. Pope, *op. cit.*, § 1146, *et p.* 17. D.] lele. Ewert, *art. cité, p.* 153, *propose* bele ; *comme lecture et comme sens cela paraît peu indiqué*.

111 D.] sustrait.

112 a *se trouve encore avec le sens de* od D. 1372 *et* 1393 *et* T^1, 173.

113 T.] garder.

117 D.] mi tolez ... murreture. $T.^2$ nurreture].

121 D.] effrance. T. effrance.

122 D.] venerai. $T.^2$] veverai.

124 D.] si vulez. $T.^2$ me volez].

126 D.] achison.

128 D.] ben conge vus volez.

130 Ben sai Tristran le vus fait faire,
A qui Deus en duinst grant contraire ! »

Brengvein entent al dit Ysolt,
Ne puet laisser que n'i parolt,
E dit : « Fel avez le curage,
135 Quant sur moi dites itele rage
E ço que unques n'oi en pensé.
Tristran ne deit estre blasmé :
Vus en devez la hunte aveir,
Quant l'usez a vostre poer ;
140 Se mal ne me volsissez,
Tant lungement ne l'usissez.
La malvesté que tant amez
Sur Tristran aturner vulez,
Ja ço seit que Tristan n'i fust,
145 Pire de lui l'amur eüst.
Ne me pleing de la sue amur,
Mais pesance ai e grant dolur
De ço que m'avez enginné
Pur granter vostre malvesté.
150 Hunie sui, si mais le grant.
Guardez vus en dessornavant,
Car de vus me quid ben vengier !
Quant me vulez marier,
Pur quei ne me dunastes vus

---

130 D.] Ben Tristran. T.^{2} Ben sai].
132 D.] as dit. T.^{2}] a dit.
139 T.^{2}] Quant laissez.
140 T.^{2}] Se vos le mal ne v.
142 D.] Le T.^{2} La].
144 T.^{2}] Ga soit ce que. D.] Ja ço i seit que Tristran i fust; *le* 2e n *est sans doute tombé après Tristan.*
145 *C.-à-d. quelqu'un qui serait pire que lui aurait votre amour.*
146 D.] sui.
147 D.] pensance.
150 T.^{2}] soi ge.
151 T.^{2}] d'orneavant. D.] Guarde.
153 T.^{2}] vus me v.
154 D.] dunast.

155 A un hume chevalerus ?
Mais al plus cuard qu'unc fud né
M'avez par vostre engin duné. » (D. f° 2a)

Ysolt respunt : « Merci, amie !
Unques ne vus fiz felunie ;
160 Ne par mal ne par malveisté
Ne fud uncs cest plai enginné ;
De traïsun ne dutés ren :
Si m'aïst Deus, jol fiz pur ben.
Kaherdins est bons chevalers,
165 Riches dux, seürs guerrers ;
Ne quidez pas qu'il s'en alast
Pur Kariado qu'il dutast,
Einz le dient par lur envie,
Car pur lui ne s'en alad mie.
170 Se vus oez sur lui mentir,
Nel devez pas pur ço haïr,
Ne Tristran mun ami, ne mei.
Brengvein, jo vus afi par fei,
Coment que vostre plai aturt,
175 Que tuit cil de ceste curt
La medlee de nus vuldreient ;
Nostre enemi joie en avreient.
Se vus avez vers mei haür,
Ki me voldra puis nul honur ?
180 Coment puis jo estre honuree,
Se jo par vus sui avilee ?
L'en ne poet estre plus traïz
Que par privez e par nuirriz.

---

156 T.^{2}] qui fu.
161 T.^{2}] ce plait encomence.
163 D., T.^{2}] m'aï.
165 D.] dixx, seus. T.] guerraiers.
169 T.^{2}] alast.
175 T.^{2}] tut.
177 D.] ne. T.^{2}] joie en averoi. ...
180 D.] puse ieștre honure. T.^{2} *incomplet :* Coment pui ge ... oree.
182 D.] trair.
183 T.^{2}, D.] nuirrir.

Quant li privez le conseil set,
185 Traïr le puet, s'il le het.
Brengvein, qui mun estre savez,
Se vus plaist, hunir me poez ;
Mais ço vus ert grant reprover,
Quant vus m'avez a conseiller,
190 Se mun conseil e mun segrei
Par ire descovrez al rei.
D'altre part jo l'ai fait par vus : (T[2]. f° 2d)
Mal ne deit aveir entre nus.
Nostre curuz a ren n'amunte :
195 Unques nel fiz pur vostre hunte,
Mais pur grant ben e pur honur ; (D. f° 2b)
Pardunez moi vostre haür.
De quei serez vus avancee
Quant vers lu rei ere enpeiree ?
200 Certes el men empirement
Nen ert le vostre amendement ;
Mais, si par vus sui avilee,
Mains serez preisee e amee.
E perdu en avrez m'amur
205 E l'amisté de mun seingnur.

---

185 T.[2]] se il volt.
186 D.] salvez.
189 T.[2]] a reprover.
189 T.[2] m'avez]. D.] avez.
191 D.] descovre.
193 D.] Mal deit. T.[2] Mal ne d.].
195 T.[2]] fis. D.] fit.
198 D.] avance; *ailleurs* D. *fait parfois l'accord, cf. v.* 199.
199 D.] lui rei ert empeire. T.[2]] Se je ere en vers le roi empiree. *Rem.* ere *futur, cf.* Sn.[1] 517.
200 T.[2]] al mien.
203 D.] prise, ame.
Ici quatre vers manquent dans D. ; T.[2] *a*:
Hitel vus porra loer
Qui nel fet fors por vos blasmer;
Vus en serez des mieux prisee
De tute la gent enseignee.
Nov. *propose au* 3[e] *vers:* Vos nen serez, *et* B.: Vus en serez milz mesprisee.

Quel semblent qu'il uncs me face,
Ne quidez qu'il ne vus enhace.
Emvers mei ad si grant amur,
Nus ne porreit mettre haiur,
Nuls ne nus poreit tant medler
210 Que sun cors poüst de mei sevrer.
Mes faiz puet aveir contre quer,
Mei ne puet haïr a nul fuer ;
E mes folies puet haïr,
Mais m'amur ne puet unc guerpir ;
215 Mes faiz en sun cuer haïr puet :
Quel talent qu'ait, amer m'estuet.
Unques a nul qui mal me tint
Emvers lu rei ben n'en avint :
Ki li dient ço qu'il plus het,
220 Sachét que mal gré lur en set.
De quei avancerez lu rei,
Se vus li dites mal de mei ?
De quele chose l'averez vengé,
Quant vus mei avrez empeiré ?
225 Pur quei me volez vus traïr ?

---

206 *Remarquons la graphie* ent *pour* ant, *c'est le seul exemple, donc probablement lapsus.*
207 *La forme* hace *est citée à la rime dans* Fantosme (Tanquerey, p. 346) *et les textes angl.-norm. postérieurs.* enhaïr, Go. *prendre en haine. Avec le sens « prendre en mauvaise part », il serait possible de garder* nel. D.] nel vus enhace.
208 *Ce vers manque dans* D. :
B.] Nuls n'i poreit mettre haïr ;
209 *Graphie* d *pour* s.
210 D.] puise. T.[2]] severez.
214 T.[2]] ja guerpir.
216 T.[2]] talent que a.
Les vers 217-222 figuraient aussi dans le ms. perdu de Strasbourg.
218 T.[2]] Contre le roi bien n'avint. Str.] Envers le rei bien nen vient.
219 D.] deint.
222 D.] moi. Str. mei]. *Nous acceptons* ei, *à cause des rimes en* ę *et parce que* oi *est manifestement une orthographe continentale.*
224 D.] mi.

Quei li vulez vus descouverir ?
Que Tristran vint parler a mei ?
E quel damage en ad le rei ?
De quei l'avez vus avancé,
230 Quant de moi l'avez curucé ?
Ne sai quel chose i ait perdu. »
Brengvein dit : « Bien vus est defendu,
Juré l'avez passé un an,
Le parler e l'amur Tristran.
235 La defense e le serement (D. f° 2c)
Avez tenuz malveisement :
Des que poesté en eüstes,
Chative Ysolt, parjure fustes,
Feimentie e parjuree.
240 A mal estes si aüsee
Que vus nel poez pas guerpir ;
Vostre viel us estuet tenir.
Se usé ne l'eüssez d'amfance,
Ne maintenisez la fesaunce ;
245 S'al mal ne vus delitissez,
Si lungement nel tenissez.
Que puleins prent en danteüre,

---

226 D.] vuolez ... descouverer, *confusion* -er, -ir.
229 T.[2]] averez.
231 D.] choze lait ; *corr.* B. T.[2]] il a perdu.
232 D.] ien vus. T.[2]] ja est deffendu.
233 D.] passé a un an.
234 T.[2]] l'amer.
235 D.] la serement.
241 D.] ne.
242 T.[2]] vos covent tenir.
243 D.] Se use nel use. *La graphie* u *pour* eu *se présente aussi v.* 256, 260 *et* 265, *mais ici le premier mot* use *peut avoir entraîné le second.* T.[2]] Si use ne l'eussez d'enfance.
244 T.[2]] Ne mentissez la fiance. *L'orthographe* aunce *se présente* 4 *fois dans* D., *jamais dans* Sn. *ou* T.
245 D.] delitassez. T.[2] delitissez].
246 D.] tenisez.
247 Rött., *cité par* B., *propose* aprent, *mais le proverbe se présente avec* prent *aussi souvent qu'avec* aprent. *Nous préférons* prent *à cause de l'accord des mss.* D. *et* T.

U voille u nun, lunges li dure,
E que femme en juvente aprent,
250 Quant ele nen ad castiement,
Il li dure tut sun eage,
S'ele ad poer a sun curage.
Vus l'apreïstes en juvente :
Tuz jurs mais ert vostre entente.
255 S'en juvente apris ne l'eüsez,
Si lungement ne l'usisez.
Si li reis vus eüst castié,
Ne feïsez la maveisté ;
Mais pur ço qu'il le vus consent,
260 L'avez usé si lungement.
E il le vus ad pur ço suffert
Que il ne fud uncs ben cert ;
Jo l'en dirrai la vérité :
Puis en face sa volenté !
265 Tant avez usé l'amur
Ublié en avez honur,
E tant mené la folie
Ne larrez a vostre vie.
Tres que li reis s'en aparçut,
270 Castier par dreit vus en dut ;
Il l'ad suffert si lungement
Huniz en est a tute sa gent.
Le nés vus en deüst trencher
U altrement aparailer (D. f° 2d)
275 Que hunie en fusez tuz dis :

---

249 D. que *manque*.

250 T.[2]] Quant ele n'a chastiement. D.] vent ad.
Ici se termine le fragment de Turin[2].

262 D.] Q'l il.

263 verté ? *Nous corrigeons, cf. v.* 331, *où le mot n'est pas abrégé*.

266 D.] Uble, *la graphie peut s'expliquer par la fréquence de* ẹ *pour* iẹ.

269 D.] Tresques.

Grant joie fust a voz enmis.
L'en vus deüst faire grant huntage,
Quant hunissez vostre lingnage,
Voz amis e vostre seingnur.
280 Se vus amisez nul honur,
Vostre malveisté laissisez.
Ben sai en quei vus vus fiez :
En la joliftê del rei,
Que voz bons suffre endreit sei.
285 Pur ço qu'il ne vus puet haïr,
Ne volez sa hunte guerpir ;
Envers vus ad si grant amur
Que il suffre sa desonur ;
Se il itant ne vus amast,
290 Altrement vus en castiast.
Ne larai, Ysolt, nel vus die :
Vus faites mult grant vilanie,
A vostre cors hunisement,
Quant il vus aime si durement,
295 E vus vers li vus cuntenez
Cum vers home que naent n'amez.
Eussez vus emvers lui amur,
Ne feïsez sa desonur. »

Quant Ysolt ot sei si despire,
300 A Brengvein respunt dunc par ire :
« Vus moi jugez trop cruelement.
Dehé ait ore vostre jugement !
Vus parlez cum desafaitee
Quant si m'avez a desleée.
305 Certes, si jo sui feimentie,

---

276 D.] ennis *pour* enemis ? *On peut aussi lire* amis, *mais faut-il croire à tant d'ironie ? Une erreur de copiste semble plus acceptable.* B.] hunte ... amis.
281 D.] laissez.
283 D.] jolite de le.
285 D.] poez.
296 D. E *ou* C. *au début du premier mot.*
304 D.] deslee.

Parjure, u ren hunie,
U se jo ai fait malvesté,
Vus moi avez ben conseilé.
Ne fust la consence de vus,
310 Ja folie n'eüst entre nus ;
Mais pur ço que le consentistes,
Ço que faire dui m'apreïstes :
Les granz enginz e les amurs, (D. f° 3a)
Les dutaunces, les tristurs,
315 E l'amur que nus maintenimes,
Par vus fud quanque feïmes.
Primer en deceüstes mei
Tristran apres, e puis le rei ;
Car peç'a que il le seüst,
320 Se li engin de vus ne fust.
Par messunges que li deïstes
En la folie nus tenistes ;
Par engin e par decevance
Covristes vus nostre fesance.
325 Plus de moi estes a blasmer
Quant vus me devriez garder,
E dunc moi feites hunir.
Ore moi volez descovrir
Del mal qu'ai fait en vostre garde ;
330 Mais fu e male flame m'arde,

---

307 D.] ço jo.
309 D.] fuz, *l'erreur est évidente,* z (= *ts*) *est mis ici pour* st.
311 D.] consentiscest. *Confusion* c *et* t.
312 D.] apreistest.
313 D.] eginz. *Peut-être le copiste a-t-il oublié le signe de la nasale au-dessus du* e*? Le* i *porte le trait qui dans* D. *fait fonction de point.* B.] dolurs.
314 D.] Le dutaunces, le tristurs.
315 D.] maintemes.
317 D.] moi *graphie* oi *exceptionnelle dans* D.
321 D.] deites.
324 D.] Covrites.
328 D.] decovrer.
329 D.] entre vostre garde.
330 D.] Mais fu e mal blame. Mais, *forme abrégée de* malveis; *pour* mal blame *la correction s'impose, puisque* mal flame

Se il vent a dire la verité,
Se de ma part est puint celé,
E se li reis venjance prent,
De vus la prenge primerement !
335 Emvers lui l'avez deservi ;
Nequedent jo vus cri merci,
Que le cunseil ne descovrez
E vostre ire moi pardonez. »
Dunc dit Brengvein : « Nu frai, par fei !
340 Jol mustrai primer al rai ;
Orrum qui ad tort u dreit ;
Cum estre puet idunc si seit ! »
Par mal s'en part atant d'Ysolt,
Jure qu'al rei dire le volt.

345 En cest curuz e en ceste ire.
Vait Brengien sun buen al rei dire :
« Sire, dit-ele, ore escutez,
Ce ke dirrai pur veir creez. »
Parole al rei tut a celee,
350 De grant engin s'est purpensee,
Dit : « Entendez un poi a mei.
Lijance e lealté vus dei (D. f° 3b)
E fiance e ferm'amur

---

signifie le feu de l'enfer. B.] mals fu, *mais* l *est distinct de* i *dans* D.

331 D.] a verité, ... il *impersonnel, donc: s'il s'agit de dire ce qui en est.*

334 D.] le.

340 D.] a rai ; mustra, Tanquerey, *op. cit., p.* 709 : « *On peut relever de nombreux futurs comme* entrai, mustrai, livrai *qui sont pour la forme aussi bien des prétérits que des futurs.* »

342 *Ici, le fragment de* Strasbourg *reprenait: comme pour* Turin *nous ne mentionnons que les écarts significatifs.*

345 D.] cete ... cete.

348 D.] creiz.

350 D.] egin ... purpense.

351 D.] moi, *nous corrigeons cette graphie du scribe, cf. v.* 221, 222 *à la rime.*

352 Str.] e sairement.

De vostre cors e de vostre hunur :
355 E quant jo vostre hunte sai,
M'est avis a celer nel ai.
E se jo anceis la seüsse,
Certes descoverte l'eüsse.
Itant vus voil dire d'Ysolt :
360 Plus enpire que ne solt,
De sun curage est enpeiree ;
E s'el n'est de melz gaitee,
Ele fra de sun cors folie,
Car uncore nel fist ele mie ;
365 Mais ele n'atent se aise nun.
Pur nent fustes en suspeciun :
Jon ai eü mult grant irrur
E dutance el cuer e poür ;
Car ele ne se volt pur ren feindre
370 S'ele puet a sun voleir ateindre,
Pur ço vus venc io conseiler
Que vus la facez melz gaiter.
Oïstes uncs la parole :
« Vuide chambre fait dame fole,
375 Aise de prendre fait larrun,
Fole dame vuide maisun ? »
Pez'a qu'avez eü errance.
Jo meïmes fu en dutance,

---

355 D.] quan.
356 D.] Mes avis.
357 D.] seuse.
359 D.] vus volez.
361 D.] empeire. Str.[2]] enperie.
362 D.] E sel net de melt gauté. Str.[2]] S'ele n'est de melz agaitie.
363 D.] frai. Str.[2]] fara.
364 D.] ne fit.
366 Str.[2]] Pur cui fustes, D.] fust.
367 Str.[2]] errur.
368 D.] e le cuer pour.
369 D.] defendre ; Str.[2]] Qar ce ne se volt ... feindre.
372 D.] gauter.
373 D.] Oites.
377 Str.[2]] Pec avez.

Nut et jur pur li en aguait ;
380 Mais pur nent l'ai jo fait,
Car deceü avum esté
E del errur e del pensé.
Ele nuz ad tuz engingné
E les dez senz jeter changé ;
385 Enginnum la as dez geter,
Quant avainge a sun penser,
Qu'ele ne puisse sun bon aver
Itant cum est en ceste vuleir :
Kar qui un poi la destreindra,
390 Jo crei ben qu'ele s'en retraira.
Certes, Markes, c'est a bon dreit, (D. f° 3c)
Huntage avenir vus en deit
Quant tuz ses bons li cunsentez
E sun dru entur li suffrez.
395 Jol sai ben, io face que fole
Que unques vus en di parole,
Car vus m'en saverez mult mal gré.

---

379 D.] agauat.
380 D.] l'a jo. Str.[2]] M'est avis pur nent l'ai fait.
381 D.] Car de ceste.
383 *Ce vers manque dans* Str.[2].
385 *C'est-à-dire: elle a substitué Cariado à Tristan que nous soupçonnions, sans rien changer apparemment. Décevons-la au moment où elle voudra dépasser la mesure.*
386 *D'après* Tanquerey, *op. cit., p.* 280, *l'indicatif se présente avec la terminaison* -ge *du subjonctif en angl.-norm., spécialement pour les verbes venir, tenir, mourir dans la 2e moitié du XIIIe s. Il en cite un exemple au XIIe s.* (Fantosme: suvienge) *qu'il met sur le compte du copiste. Ceci pourrait en être un autre, bien que le vers puisse être corrompu.* Str.[2]] Qu'ele n'avienge a sun voler, *où* que = *pour que, donc subjonctif de finalité. Nous gardons la lectio difficilior qui a plus de chance d'être la bonne.*
389 qui *absolu, dont le sens peut se rendre par « si l'on ».*
390 D.] Jo cri.
393 D.] consenteit. Str.[2]] cunsentez. *Lapsus calami dans* D., *les deux vers qui précèdent ont* eit *et le v.* 394 suffrez.
395 D.] facez. *Subjonctif après verbe déclaratif ou forme de l'indicatif ainsi que l'admet* Tanquerey, *op. cit., p.* 30, *à partir du XIIIe s. ? ou bien simplement graphie pour* faz ?
397 D.] male.

Ben en savez la verité.
Quel senblant que vus en facez,
400 Ben sai pur quei vus en feinnez :
Que vus ne valét mie itant
Que fere li osissez senblant.
Reis, jo vus en ai dit asez
Ove iço que vus savez. »

405 Li reis as diz Brengien entent,
Si se merveille mult forment
Que ço puisse estre qu'ele conte
De sa dutance e de sa hunte,
Qu'il l'ait suffert e qu'el la sace,
410 Qu'il se feint, quel senblance que face.
Idunc est il en grant errur,
Prie que die la verur ;
Car il quide que Tristran seit
En la chambre, cum il soleit ;
415 Sa fei lealment li afie
Que le conseil ne dirrat mie.
Dunc dit Brengvein par grant cuintise :

---

398 *Cf. v.* 331, verité.
399 D.] Quele.
400 *Confusion* ñ et n.
401 D.] U vus ne valet. Str.²] vus n'en valez.
402 D.] osisez. *Ce vers signifie, croyons-nous: vous n'avez pas le courage de lui montrer ce que vous pensez d'elle.*
404 Str.²] Ove ce que vus en savez.
409 D.] e ql la sace. Str.²] Quil ait suffert e qui le sace. B.] Qu'il l'ait suffert e qu'il le sace. Loomis *propose:* et qu'ele sache. *L'abréviation* ql *pour* quel (*non* quil) *se trouve également au vers suivant. Deux interprétations semblent donc admissibles:* « Qu'il l'ait suffert(e) e qu'el la sace », *où* l' *et* la *se rapporteraient à* hunte (*v.* 408); *c'est celle que nous proposons en admettant que* suffert *n'ait pas l'accord. Ou bien:* « Qu'il l'ait suffert e qu'el le sace », *où* l' *serait pronom neutre se rapportant aux vers 407-408 en général.* Qu'il le sace *nous paraît inacceptable après* Qu'il l'ait suffert, *qui implique qu'il l'ait su.*
410 D.] semblace.
416 D.] ni.
Fin du 2ᵉ fragment de Strasbourg.

« Reis, pur dire tut mun servise,
Ne vus voil seler l'amisté
420 Ne le plai qu'ele ad enginné.
Nus avum esté deceü
De l'errur k'avum eü,
Qu'el vers Tristan eüst amur.
Ele ad plus riche doneür :
425 Ço est Cariado le cunte ;
Entur li est pur vostre hunte.
D'amur a tant requis Ysolt
Qu'ore m'est avis granter li volt ;
Tant a lousengé e servi
430 Qu'ele en volt fair sun ami ; (D. f° 3d)
Mais de ço vus afi ma fei
Qu'unc ne li fist plus qu'a mei.
Ne di pas, se aise en eüst,

---

418 *La leçon de* B. : « pur perdre tut mun servise. » (= *au risque de perdre le bénéfice de mon service) ne nous satisfait pas. Nous interprétons: « disant tout ce que je vous dois »* (service = *redevance). Il serait tentant, mais trop hasardeux d'interpréter* par dire = *pardirai. Mais* pardire *n'est pas attesté et nous n'avons pas d'autre exemple de dire = dirai.*
422 D.] kavum u.
424 D.] richi dodneur.
425 *La dénonciation de Brengvain a donné lieu à toute une polémique, cf.* B., I, *p.* 361. *Du fait que Brengvain a menacé de dénoncer Tristan et se ravise,* Heinzel *a cru devoir conclure à une lacune de notre texte où Brengvain s'expliquerait sur ce changement* (*Z. f. d. Alt., t.* XIV, *p.* 360). Vetter (*La légende de Tristran, p.* 5-6), Röttiger (*Der Tristan des Thomas, p.* 7) *et* Bédier *ont réfuté ses arguments. Il nous semble en effet que le changement brusque et la dénonciation de Cariado étaient un artifice littéraire de* Thomas, *qui ménage ainsi une surprise à ses auditeurs.* Kölbing, *Saga, éd. cit., p.* CXXXV, *revient sur la question, mais la phrase qu'il traduit:* « Doch aber wollte Brengvain ihr nicht vor dem König im bezug auf Tristan Schmach bereiten », *ne résume pas nécessairement un passage perdu; elle peut fort bien rendre sous une forme brève ce que* Thomas *expose aux vers* 417-432. Bédier *a prouvé que ce cas se présente ailleurs dans la Saga.*
429 D.] lonsege.
432 D.] q que mei.

Tut sun bon faire n'em peüst,
435 Car il est beals e pleins d'engins,
Entur li est seirs e matins,
Sert la, lousenge, si li prie.
N'est merveille s'ele fait folie
Vers riche hume tant amerus ;
440 Reis, jo moi merveille mult de vus
Que entur li tant li suffrez,
U pur quel chose tant l'amez.
Del sul Tristran avez poür :
Ele n'ad vers lui nul amur,
445 Jo m'en sui ben aparceüe ;
Ensement en fu deceüe.
Desci qu'il vint en Engleterre
Vostre pais e vostre amur querre,
E tres que Ysolt l'oï dire,
450 Aguaiter le fist pur ocire ;
Kariado i emveia,
Ki a force l'en chaça.
Pur veir ne savum quant ad fait.
Par Ysolt li vint cest aguait ;
455 Mais certes, s'ele unques l'amast,
Tel hunte ne li purchazast.
S'il est morz, ço est grant peché,
Car il est pruz e ensengné,
Si est vostre niés, sire reis ;
460 Tel ami n'avrez mais cest meis. »
Quant li reis ot ceste novele,

---

435 D.] dengingnins.
437 D.] lonsenge,] pri, *mais ce serait le seul exemple d'une 3e pers. 1re conjugaison sans ə.*
438] D.] fest.
446 *Ce vers que* B. *rattache aux précédents* (fu *pour* fui), *se rapporterait d'après* Fr. M. *aux vers qui suivent et* fu *signifierait alors* elle fut. *Nous suivons la ponctuation* B.
449 D.] tres ques.
450 D.] agauaiter.
454 D.] agauit.
459 D.] sir reis.
461 D.] cete.

Tuz li curages l'en eschancele,
Car il ne set qu'il em puise fere ;
Ne volt la parole avant retraire,
465 Car n'i veit nul avancement.
A Brengvein dit privéement :
« Amie, ore vus covent ben ;
Sur vus ne m'entremettrai ren,
Fors, al plus bel que jo purrai, (D. f° 4a)
470 Kariado esluingnerai,
E d'Isolt vus entremetrez.
Privé conseil ne li celez
Ne de barun ne de chevaler,
Que ne seiez al conseiler ;
475 En vostre gard la commant :
Cunveinez vus en desornavant ! »

Ore est Ysolt desuz la main
E desuz le conseil Brengvein ;
Ne fait ne dit privément
480 Qu'el ne seit al parlement.
Vunt s'en Tristran e Kaherdin
Dolent e triste lur chemin.
Ysolt en grant tristur remaint,
E Brengvein, que forment se plaint.
485 Markes rad el cuer grant dolur,
E em peisance est de l'errur.
Kariado rest en grant peine,
Ki pur l'amur Ysolt se peine,
E ne puet vers li espleiter
490 Que l'amur li vuille otreier ;

---

472 *Sens: ne cachez pas ces entrevues secrètes (avec un datif éthique) ?* B. *propose* suffrez, *qui évidemment donne un bon sens, mais ce choix est arbitraire.*
476 D.] desornamant.
481 D.] Unt sen.
483 D.] in.
485 rad (re + a) = *de son côté a.*
487 re + est = *de son côté est.*
488 D.] pur amur.

Ne vult vers lu rei encuser.
Tristran se prent a purpenser
Que il s'en vait vileinement,
Quant ne set ne quar ne coment
495 A la reïne Ysolt estait,
Ne que Brengvein la fraunche fait.
A Deu cumaund Kaherdin,
E returne tut le chemin,
E jure que ja mais n'ert liez
500 Si avrad lur estre assaiez.
Mult fud Tristran suspris d'amur ;
Ore s'aturne de povre atur,
De povre atur, de vil abit,
Que nuls ne que nule quit
505 Ne aparceive que Tristran seit.
Par un herbe tut les deceit,
Sun vis em fait tut eslever,
Cum se malade fust, emfler ; (D. f° 4b)
Pur sei seürement covrir,
510 Ses pez e ses mains fait vertir ;
Tut se apareille cum fust lazre,
E puis prent un hanap de mazre
Que la reine li duna (Str. 3)

---

491 D.] lui rei.
494 quar, *au sens de pourquoi* (G°). B.] ne quei ne.
495 D.] estoit.
501 suspris, *cf.* Sn.[1] 783, D. 1222. *Sur la chute de r + consonne cf.* Pope, *op. cit.*, § 1184.
503 B.] De povres dras. *La répétition est-elle une faute de copiste ?* B. *semble l'admettre. Toute correction est arbitraire. Nous y voyons plutôt un artifice littéraire cher à* Thomas. *Cf.* Sn.[1] *v.* 489-492, 597-599 *et* D. 374-376. *La Folie d'O.* (*éd.* Hoepffner) *p.* 31, *présente ce même procédé; l'éditeur le cite déjà dans le Roman de Thèbes et chez Wace.*
507 *Ponctuation* Mussafia.
510 D.] se mains. *Nous croyons lire* vertir ; nercir *cependant ne semble pas exclu.*
511 D.] sa apareille ... fuz. *Remarquons* z *pour* st *et* lazre *pour* ladre, *où la graphie* z *rend sans doute le* d *devant* r.
512 mazre. *Forme plus fréquente,* madre.

Le primer an qu'il l'amat,
515 Met i de buis un gros nuel,
Si s'apareille un flavel.
A la curt le rei s'en vait
E pres des entrees se trait
E desire mult a saver
520 L'estre de la curt e veer.
Sovent prie, sovent flavele,
N'en puet oïr nul novele
Dunt en sun cuer plus liez en seit.
Li reis un jur feste teneit,
525 Sin alat a la halte glise
Pur oïr i le grant servise ;
Eissuz en ert hors del pales,
E la reïne vent apres.
Tristran la veit, del sun li prie ;
530 Mais Ysolt nel reconuit mie.
E il vait apres, si flavele,
A halte vuiz vers li apele,
Del sun requiert pur Deu amur
Pitusement, par grant tendrur.
535 Grant eschar en unt li serjant
Cum la reine vait si avant,
Li uns l'empeinst, l'altre le bute,
E sil metent hors de la rute,
L'un manace, l'altre le fert ;

---

513 *Nous citons* Str.[2] *d'après* Fr. M., *op. cit., t.* III, *pour les écarts sgnificatifs.*
515 D.] Mes i. Str.[2]] bus ... cros, *corr.* B.
517 D.] vad. Str.[2]] E a la cur lu rei. *Nous corrigeons pour la rime.*
519 D.] desir.
523 D.] ame seit. Str.[2] plus liez en seit].
526 Str.[2]] oir iluec.
527 Str.[2]] s'en ert or.
528 Str.[2]] vient apreis.
529 Str.[2]] del suen.
536 Str.[2]] Que la reine vait sivant, *lectio facilior, mais nous préférons* D., *plus expressif, au sens de « pendant que la reine avance ainsi ».*

540 Il vait après, si lur requiert
Que pur Deu alcun ben li face,
Ne s'en returne pur manace.
Tuit le tenent pur ennuius,
Ne sevent cum est besuignus.
545 Suit les tresqu'enz en la capele,
Crie e del hanap flavele.
Ysolt en est tut ennuée, (D. f° 4c)
Regarde le cum feme irée,
Si se merveille que il ait
550 Ki pruef de li itant se trait,
Veit le hanap qu'ele cunuit,
Que Tristran ert ben s'aparçut
Par sun gent cors, par sa faiture,
Par la furme de s'estature ;
555 En sun cuer en est esfreée
E el vis teinte e colurée,
Kar ele ad grant poür del rei ;
Un anel d'or trait de sun dei,
Ne set cum li puisse duner,
560 En sun hanap le volt geter.
Si cum le teneit en sa main
Aparceüe en est Brengvein :
Regarde Tristran, sil cunut,
De sa cuintise s'aparçut,
565 Dit lui qu'il est fols e bricuns
Ki si embat sur les baruns,
Les serjanz apele vilains

---

540 Str.[2]] avant, *nous gardons* D. *avec le sens de « il continue a les suivre ».*
542 D.] manache.
545 D. *et* Str.[2]] Suit le. *Serait-ce* le, *graphie pour* les? *Cf.* se *pour* ses, *v.* 510, 849 *et* 850.
547 D.] Y. estuit ennuie. Str.[2] en est tut ennuee].
550 Str.[2]] Que apries de li mult se trait.
552 D.] E Tristran ert.
553 D. cors *manque.*
555 D.] esfree.
560 Str.[2]] En sun anas ...
Les vers 561 *et* 562 *manquaient dans* Str.[2].

Qui le suffrent entre les seins,
E dit a Ysolt qu'ele est feinte :
570 « Des quant avez esté si seinte
Que dunisez si largement
A malade u a povre gent ?
Vostre anel doner li vulez :
Par ma fei, dame, nun ferez.
575 Ne donez pas a si grant fes,
Que vus repentez enapres ;
E si vus ore li dunisez,
Uncore ui vus repentirez. »
As serjanz dit qu'illuques veit
580 Que hors de le glise mis seit ;
E cil le metent hors ad l'us,
E il n'ose preier plus.

Ore veit Tristran, e ben le set,
Que Brengvein li e Ysolt het ;
585 Ne set suz cel que faire puisse ;
En sun quer ad mult grant anguisse (D. f° 4d)
Debutter l'ad fait mult vilement ;
Des oilz plure mult tendrement,
Plaint s'aventure e sa juvente,
590 Qu'unques en amer mist s'entente :
Suffert en ad tantes dolurs,
Tantes peines, tantes poürs,
Tantes anguisses, tanz perilz,
Tantes mesaises, tanz eissilz,

---

568 Str.[3]] Ke lu sufrent entres le sain. Seins: *gens sains* (*Tristan est déguisé en lépreux*). D.] les suffrent.
575 Str.[3]] Nen donez a.
579 D.] A serjans. Str.[3]] a serjant.
580 D.] mist.
581 D.] al lus, Misrahi, ad l'us.]
582 Str.[3]] E Tristan n'ose.
Fin Str.[3].
592 D.] Tant peines, tant pours.
593 D.] Tans anguiz.
594 D.] Tant messaisez, tant eissilz. *Nous avons cru* (*cf.* Neoph., XXXIII, *p.* 85) *distinguer ici un effort pour adapter la forme*

595 Ne pot laisser que dunc ne plurt.
Un viel palès ot en la curt :
Dechaet ert e depecez.
Suz le degré est dunc mucez,
Plaint sa mesaise e sa grant peine
600 E sa vie que tant le meine.
Mult est febles de travailer,
De tant juner e de veiller.
Del grant travail e des haans
Suz le degré languist Tristrans,
605 Sa mort desire e het sa vie,
Ja ne leverad mais senz aïe.
Ysolt en est forment pensive,
Dolente se claime e cative
K'issi faitement veit aler
610 La ren qu'ele plus soit amer ;
Ne set qu'en face nequedent,
Plure e suspire sovent,
Maldit le jur, maldit l'ure
Qu'el el secle tant demure.

---

tant *au rythme des vers. Dans l'état d'incertitude où nous sommes sur l'état de la versification angl.-norm. nous avons introduit dans le texte l'uniformisation grammaticale. Ces vers sont, à d'autres points de vue aussi, très corrompus* (anguiz, messaisez). *Si le choix des formes ne repose pas de la part du poète ou du scribe sur le rythme, il est évident que le copiste, pour le moins, a été embarrassé: ayant transcrit le féminin au v. 591, il a continué par l'adverbe, qui sans doute lui était plus familier, sans savoir comment l'orthographier. Au v. 594 il réintroduit la forme féminine.*

595 D.] lasser.
596 D.] vel.
599 D.] mesage.
603 D.] De grant.
604 D.] degrez. *Le rapprochement avec St. Alexis s'impose;* B., I. *p.* 368, *cite encore d'après* P. Meyer, *Girart de Roussillon qui* « languit sous le degré » (*trad.* P. Meyer, *p.* 242) *et Simon de Crépi qui mourut* « pauper, jacens sub gradu ». *C'est là l'humble retraite du malheureux dans toute la littérature médiévale.*
608 *Ce vers se retrouve textuellement Folie d'O. v.* 547.

615 Le service oent al muster,
E puis vunt el palès mangier
E demeinnent trestut le jur
En emveisure e en baldur ;
Mais Ysolt n'en ad nul deduit.
620 Avint issi que einz la nuit
Que li porter aveit grant freit
En sa loge u il se seit ;
Dist a sa femme qu'ele alast
Quere leingne, sin aportast.
625 La dame ne volt luinz aler, (D. f° 5a)
Suz le degré en pout trover
Seiche leine e velz marien,
E vait i, ne demure ren ;
E ceste entre enz en l'oscurté ;
630 Tristran i ad dormant trové ;
Trove s'eschavine velue,
Crie, a poi n'est del sen esue,
Quide que ço deable seit,
Car ele ne sot que ço esteit ;
635 En sun quer ad grant hisdur,
E vent, sil dit a sun seingnur.
Icil vait a la sale guaste
Alume chandele, e si taste,
Trove i Tristran dunc gesir
640 Ki pres en est ja de murir ;
Que estre puet si se merveille,
E vent plus pres a la candele,
Si aparceit a sa figure
Que ço est humaine faiture.
645 Il le trove plus freit que glace,
Enquert qu'il seit e qu'il i face,
Coment il vint suz le degré.
Tristran li ad trestut mustré
L'estre de lui e l'achaisun

---

627 viel *semblerait préférable.*
629 D. entre *manque.*
633 D.] ert.

650 Pur quei il vint en la maisun.
Tristran en li mult se fiot,
E li porters Tristran mult amot :
A quel travail, a quelque peine,
Tresqu'enz en sa loge l'ameine ;
655 Suef lit li fait a cucher,
Quert li a beivre e a manger ;
E un message porte a Ysolt
E a Brengvein, si cum il solt ;
Pur nule ren que dire sace,
660 Ne puet vers Brengvein trover grace.

Isolt Brengvein a li apele
E dit li : « Franche damisele,
Ove Tristran vus cri merci !
Alez en parler, ço vus pri. (D. f° 5b)
665 Confortez le en sa dolur :
Il muert d'anguise e de tristur ;
Jal suliez unc tant amer :
Bele, car l'alez cunforter !
Ren ne desire se vus nun.
670 Dites li seveals l'achaisun
Pur quei e des quant le haiez. »
Brengvein dit : « Pur nent en parlez.
Ja mais par moi n'avrad confort.
Jo li vul melz asez la mort
675 Que la vie u la santé.
Oan mais ne m'ert reprové
Que par moi aiez fest folie :
Ne vul covrer la felunie.

---

650 D.] vit.
657 D.] massage.
673 D.] pur moi.
674 B.] Jo li voil. (*Cf. v.* 678). *Mais au v.* 839 *et v.* 1636 B. *conserve* vul *ou* vol. Jol *ne peut signifier ici que* jo li, *mais l'abréviation dans ce cas doit être une faute du copiste qui l'a confondue avec* jol = jo le.
677 *Graphie* fest *étonne,* Pope, *op. cit.*, § 1236, *la cite généralement plus tard* (*faute du scribe ?*).
678 covrer *au sens de* couvrir *se trouve, cf. v.* 1314. B. *lit* nul, *nous croyons que c'est* vul.

Leidement fud de nus retrait
680 Que par moi l'aviez tuit fait,
E par ma feinte decevance
Solei seler la fasance.
Tut issi vait qui felun sert :
U tost u tart sun travail pert.
685 Servi vus ai a mun poer :
Pur ço dei le mal gré aveir.
Se regardissez a franchice,
Rendu m'ussez altre service,
De ma peine altre guerdun
690 Que moi hunir par tel barun. »
Ysolt li dit : « Laissez ester.
Ne me devez pas reprover
Iço que par curuz vus diz :
Peise moi certes que jol fiz.
695 Pri vus quel moi pardunisez
E tresques a Tristran en algez,
Car ja mais haitez ne serra,
Se il a vus parlé nen a. »
Tant la losenge, tant la prie,
700 Tant li pramet, tant merci crie
Qu'ele vait a Tristran parler,
En sa loge u gist conforter ;
Trove le malade e mult feble, (D. f° 5c)
Pale de vis, de cors endeble,
705 Megre de char, de colur teint.
Brengvein le veit qu'il se pleint,
E cum suspire tendrement,
E prie li pitusement
Qu'ele li die, pur Deu amur,
710 Pur quei ele ait vers li haür,
Qu'ele li die la vérité.

683-684 *Proverbe, cité par* B. *dans* Le Roux de Lincy, *Livre des proverbes*, II, 274, 392.
688 *Graphie* u *pour* eu.
699 D.] le prie.
702 D.] u i gist.
711 D.] dit.

Tristran li ad aseüré
Que ço pas verité n'estoit
Ce que sur Kaherdin metoit,
715 E qu'en la curt le fra venir
Pur Kariado desmentir.
Brengvein le creit, sa fei em prent,
E par tant funt l'acordement,
E vunt en puis a la reïne
720 Suz en une chambre marbrine;
Acordent sei par grant amur,
E puis confortent lur dolur.
Tristran a Ysolt se deduit.
Apres grant pose de la nuit
725 Prent le congé a le enjurnee
E si s'en vet vers sa cuntree,
Trove son nevu qui l'atent,

---

714 D.] Se que ... estoit. B. metoit]. *Nous avons d'autres exemples de mots pareils à la rime, mais nous considérons avec* B. *l'expression* sur Kaherdin estoit *comme suspecte.* Metre sur *est d'un usage courant.* G° *en donne deux exemples au sens d'imputer, mais la correction est « gratuite ». La faute s'explique, le scribe aura sauté d'une ligne à l'autre.*

715 D.] E quant la.

726 D.] ver sa cuntre.

727 *En général* n *et* v *sont distincts dans* D. *Or, ici il y a* vevv, *forme corrompue, ou* nevu. *Nulle part il n'est question d'un neveu de Tristan. La Saga (trad.* Kölbing) *a: « Als Tristran zu seinem Genossen Kardin kam, bittet er ihn sie möchten zusammen für einige Zeit an den Hof des Königs gehen » etc.* Str.[1] 1-4 *montre qu'à son départ Tristan était accompagné de Kaherdin; dans* D. 497-500, *lorsqu'il retourne sur ses pas c'est encore de Kaherdin seul qu'il prend congé, cf.* Novati, op. cit., p. 467. Bédier, *lié par la mesure, hésite dans ce vers entre* Kaherdin *et* sun nevu. *Peut-être le v.* 728 *autoriserait-il* sa nef; *étant donné le pronom possessif au masculin, nous gardons la leçon* D. *Chez* Eilhard *et dans le roman en prose un neveu est mentionné, c'est celui qui suggère à Tristan l'idée du déguisement, cf.* B. II, *p.* 375. *Nous voyons dans cette mention une allusion involontaire à la tradition. Il y a d'autres preuves que* Thomas *est resté prisonnier des versions antérieures dont il ne s'est libéré que péniblement.*

E passe mer al primer vent,
E vent a Ysolt de Bretaingne,
730 Qui dolente est de cest ovraingne.
Ben li est enditee l'amur,
El quer en ad mult grant dolur
E grant pesance e deshait,
Tut sun eür li est destrait.
735 Coment il aime l'altre Ysolt,
Ço est l'achaisun dunt ore s'en dolt.

Veit s'en Tristran, Ysolt remaint,
Ki pur l'amur Tristran se pleint,
Pur ço que dehaité s'en vait ;
740 Ne set pur veir cum li estait.
Pur les granz mals qu'il ad suffert
Qu'a privé li ad descovert, (D. f° 5d)
Pur la peine, pur la dolur
Que tant ad eü pur s'amur,
745 Pur l'anguise, pur la grevance,
Partir volt a la penitance.

---

728 *Sur ce départ qui semble à Novati immotivé, puisqu'il a promis de ramener Kaherdin à la cour (v. 715-716) cf. Studi, p. 467.*

730 *C'est-à-dire: de l'absence et du voyage, non des sentiments de Tristan qu'elle ignore (cf.* B. *et* Nov., *op. cit.,* p. 466).

731 D.] been. B.] Ben ... enossee. *Ce vers et les suivants s'appliquent d'après* Novati, *op. cit.,* p. 466-467, *à Tristan. D'après* Vetter, Röttiger *et* Bédier, *ils se rapportent à Yseut aux Blanches Mains et s'expliquent difficilement:* Heinzel *a cru à une interpolation des v. 729-736. Nous prenons* enditier (*indictare*) *au sens de suggérer, enseigner et nous l'appliquons à Yseut, donc: l'amour s'est profondément gravé en elle.*

734 B.] Tut sun eire s'en est destrait (*pendant tout son voyage il s'est détourné d'elle*) *est attrayant, mais à notre avis insuffisamment motivé. Une 2e lecture nous fait pencher pour* eür (*cf.* D. *v.* 788), *qui donnerait un sens satisfaisant: tout le bonheur* (*qu'elle attendait*) *lui est devenu tourment, détresse.* B. *rattache le vers 734 aux suivants sans ponctuation.*

735 *C.-à-d.: Yseut la Blonde, tout en vivant avec Yseut aux Blanches Mains.*

741 D.] grant.

Pur ço que Tristran veit languir,
Ove sa dolur vult partir.
Si cum ele a l'amur partist
750 Od Tristran que pur li languist,
E partir vult ove Tristran
A la dolur e a l'ahan.
Pur lui s'estueret de maint afeire
Qui a sa bealté sunt cuntraire,
755 E meine en grant tristur sa vie.
E cele, qui est veire amie
De pensers e de granz suspirs,
E leise mult de ses desirs,
Plus leale ne fud unc veüe,
760 Vest une bruine a sa char nue ;
Iloc la portoit nuit et jur,
Fors quant culchot a sun seignur.
Ne s'en aparceurent nient,
Un vou fist e un serement
765 Qu'ele ja mais ne l'ostereit,
Se l'estre Tristran ne saveit.
Mult suffre dure penitance
Pur s'amur en mainte fesance,
E mainte peine e maint ahan
770 Suffre ceste Ysolt pur Tristran,

---

750 D.] q' pur lui.

753 D.] s'esteut de *ou* s'estent de. B.] s'entent a. *Le* de *fait difficulté et la forme réfléchie;* (ester = *s'arrêter à, dans* Ch. de Troyes, *cf. dict.* Foerster). *On pourrait penser à une graphie incorrecte pour* s'estueret *de* s'estorer, *se prémunir.*

756 Rechnitz (*art. cit.*) *propose de mettre une virgule après v.* 755, *de continuer* Cum ele (*nous lisons* E), *et de mettre un point après* 758. *Le v.* 759, *qui forme une espèce de parenthèse, nous semble alors moins bien placé.*

757 D.] grant suspires.

758 Laissier *ou* leiser, *au sens de laisser de côté.*

761 D.] le portoit.

769 D.] mainte ahan. *Cf.* tant *v.* 591 *et ss., ici encore le copiste semble incertain.*

770 D.] cest.

Mesaise, dehait e dolur.
Apruef si prist un vielur,
Si li manda tote sa vie
E sun estre, e puis li prie
775 Qu'il li mant tut son curage
Par enseingnes par cest message.
Quant Tristran la novele sout
De la reïne qu'il plus amout,
Pensis en est e deshaitez ;
780 En sun quer ne pot estre leez
De si la qu'il ait veüe (D. f° 6a)
La bruine qu'Ysolt ot vestue,
Ne de sun dos ne ert ja ostee,
De si qu'il venge en la cuntree.
785 Idunc parole a Kaherdin
Tant qu'il se metent en chemin,
E vunt s'en dreit en Engletere
Aventure e eür conquerre.
En penant se sunt aturné,
790 Teint de vis, de dras desguisé,
Que nuls ne sace lur segrei ;
E venent a la curt le rei
E parolent privéement
E funt i mult de lur talent.

795 A une feste que li reis tint,
Grant fu li poples que i vint ;
Apres manger deduire vunt

---

771 D.] e de dolur.
772 D.] nieluir, *corr.* G. P. Dom. Legge *lit* meliur, *avec quel sens ?*
777 D.] solt, *graphie inverse ?* (Tanquerey *cite* olt *pour* out). *Cf. les rimes* olt: eut *du ms.* T.
778 B.] dame.
779 D.] pensif.
780 B.] liez. *Cf. v.* 887 *ou* B. *garde* leelment ; leez *se présente fréquemment, cf. v.* 834 *etc.*
784 D.] vengee en la cuntee.
789 D.] aturnee.
796 D.] que il vint.

E plusurs jus comencer funt
D'eskermies e de palestres.
800 De tuz i fud Tristran mestres.
E puis firent uns sauz waleis
E uns qu'apelent waveleis,
E puis si porterent cembeals
E lancerent od roseals,
805 Od gavelos e od espiez :
Sur tuz i fud Tristran preisez,
E enpruef li Kaherdin
Venqui les altres par engin.
Tristran i fud reconeüz,
810 D'un sun ami aparceüz :
Dous chevals lur duna de pris,
Nen aveit melliurs el païs,
Car il aveit mult grant poür
Qu'il ne fusent pris al jur.
815 En grant aventure se mistrent.
Deus baruns en la place occirent :
L'un fud Kariado li beals,
Kaherdin l'occist as cembeals
Pur tant qu'il dit qu'il s'en fui
820 A l'altre feiz qu'il s'en parti ; (D. f° 6b)
Aquité ad le serement
Ki fud fait a l'acordement ;
E puis se metent al fuir
Amdeus pur lur cors guarir.

---

799 D.] palestes. Sn.[1] *v.* 381 *donne* eschermies. *ici nous trouvons la forme picarde,* eskermies.
801 D.] un sauz.
805 D.] espees, *cf. v.* 1447 *où la faute se reproduit. Elle s'explique: dans Boeve aussi* (*cf.* Stimming, *p.* IX) espe *pour* espie (*germ. speut*) *rime en* e.
810 D.] aperceus; *dans notre texte* s *et* z *en finale ne riment pas encore;* s *est donc une erreur du scribe, cf. v.* 876.
816 D.] el la. *On serait tenté de mettre avec* B. occistrent. *Peut-on voir dans cette graphie une preuve que le groupe de consonnes se simplifiait, du moins dans la langue du scribe?*
817 D.] Kariodo.
822 D.] Kil.

825 Vunt s'en amdui a esperun
Emvers la mer li compaignun.
Cornewaleis les vunt chaçant,
Mais il les perdent a tant.
El bois se mistrent en le chimin
830 Entre Tristran e Kaherdin ;
Les tresturz des deserz errerent,
E par iço de eus se garderent.
En Bretaingne tut dreit s'en vunt :
De la venjance leez en sunt.

835 Seignurs, cest cunte est mult divers,
E pur ço l'uni par mes vers
E di en tant cum est mester
E le surplus voil relesser.
Ne vol pas trop en uni dire :
840 Ici diverse la matyre.
Entre ceus qui solent cunter
E del cunte Tristran parler,
Il en cuntent diversement :
Oï en ai de plusur gent.
845 Asez sai que chescun en dit
E ço que il unt mis en escrit,
Mes sulun ço que j'ai oï,
Nel dient pas sulun Breri
Ky solt les gestes e les cuntes
850 De tuz les reis, de tuz les cuntes
Ki orent esté en Bretaingne.
Ensurquetut de cest' ovraingne
Plusurs de noz granter ne volent

---

827 D.] vint.
829 D.] el le ch.
831 D.] trestuz.
836 D.] suni.
842 D.] de le.
847 D.] Me sulun.
849 D.] le gestes e le cuntes; solt, *graphie hypercorrecte ? cf.* v. 777.
850 D.] le reis ... le cuntes.

Ço que del naim dire ci solent,
855 Ki femme Kaherdin dut amer :
Li naim redut Tristran navrer
E entuscher par grant engin,
Quant ot afolé Kaherdin ;
Pur ceste plaie e pur cest mal (D. f° 6c)
860 Enveiad Tristran Guvernal
En Engleterre pur Ysolt.
Thomas iço granter ne volt,
E si volt par raisun mustrer
Qu'iço ne put pas esteer.
865 Cist fust par tut la part coneü
E par tut le regne seü
Que de l'amur ert parçuners
E emvers Ysolt messagers.
Li reis l'en haeit mult forment,
870 Guaiter le feseit a sa gent :
E coment pust il dunc venir
Sun servise a la curt offrir
Al rei, as baruns, as serjanz,

---

855 Ki = cui. B., I, p. 377, *rappelle la version selon laquelle Kaherdin aurait été tué par un mari jaloux et Tristan blessé à mort.*

857 D.] entusche.

859 D.] cist plaie.

864 *Pour* esteer, *graphie signalée par* Tanquerey, *op. cit., p.* 389, *au milieu du XIII*[e] *s. et surtout au XIV*[e] *s., cf. v.* 1011.

865 cist = Governal. D.] Coneuz, *ce mot décliné comme adjectif masculin n'est d'ailleurs pas traité comme neutre, c'est à quoi on s'attendrait si* cist *était une erreur pour* ço. *Il a sans doute entraîné* siuz *pour la rime.* B.] Ço fust par tut ben coneü, *correction sans doute trop forte. Il est évident que* ço *satisfait mieux notre sens du vieux français. Cependant* cist *est manifeste dans le ms. et nous devons admettre la construction maladroite où* être *impersonnel est supprimé dans le v.* 866. *Le sens est donc:* cist (*Gov.*) *était partout connu et on savait dans tout le royaume...*

866 D.] siuz. B. seü]. Siuz *est sans doute une erreur du copiste qui a confondu* seu (**saputu*) *et* seu (**secutu*). *Le dernier se trouve sous la forme* siu.

873 D.] al baruns, al serjanz.

Cum fust estrange marchanz,
875 Que hum issi coneüz
N'i fud mult tost aparceüz ?
Ne sai coment il se gardast,
Ne coment Ysolt amenast.
Il sunt del cunte forsveié
880 E de la verur esluingné,
E se ço ne volent granter,
Ne voil vers eus estriver ;
Tengent le lur e jo le men :
La raisun s'i pruvera ben !

885 En Bretaingne sunt repeiré
Tristran e Kaherdin haité,
E deduient sei leement
Od lur amis e od lur gent,
E vunt sovent en bois chacer
890 E par les marches turneier.
Il orent le los e le pris
Sur trestuz ceus del païs
De chevalerie e de honur,
E, quant il erent a sujur,
895 Dunc en alerunt en boscages
Pur veer les beles ymages.
As ymages se delitoent
Pur les dames que tant amouent : (D. f° 6d)
Le jur la veient deduit
900 De l'ennui qu'il orent la nuit.

---

875 D.] hume.
879 D.] forsveise.
892 D.] ceuz.
893 D.] e do honur.
895 *La graphie* -unt, *qui existe au XII*e *s. pour le parfait de la* 1re *conjugaison, se développera au XIII*e *s.* Tanquerey, *op. cit.*, *p.* 245 *et ss.*
896 D.] le beles.
899 D.] Le jurs. B.] i aveient. *Nous gardons* veoir, *au sens de concevoir* (G° S.). *Cf. aussi Dict.* Foerster (*Erec*, 5314), *veoir = erleben.*

Un jur erent alé chacer
Tant qu'il furent al repeirer,
Avant furent lur compaingnun :
Nen i aveit se eus deus nun.
905 La Blanche Lande traverserunt,
Sur destre vers la mer garderent :
Veient venir un chevaler
Les walos sur un vair destrer.
Mult par fud richement armé :
910 Escu ot d'or a vair freté,
De meime le teint ot la lance,
Le penun e la conisance.
Une sente les vent gualos,
De sun escu covert e clos ;
915 Lungs ert e grant e ben pleners,
Armez ert e beas chevalers.
Entre Tristran e Kaherdin
L'encuntre attendent el chimin ;
Mult se merveillent qui ço seit.
920 Il vent vers eus u il les veit,
Salue. les mult ducement,
E Tristram sun salu li rent.
Puis li demande u il vait
E quel busuing e quel haste ait.
925 « Sire », dit dunc li chevaler,
« Savét me vus enseingner
Le castel Tristran l'Amerus ? »
Tristran dit : « Que li vulez vus ?
U ki estes ? Cum avez vus nun ?
930 Ben vus merrun a sa maisun,
E s'a Tristran vulez vus parler,

---

901 D. ala, a *pour* e, *erreur fréquente dans* D.
905 D.] travserunt, *crochet pour* er, *oublié*.
908 D.] dester.
911 D.] od la lange.
918 D.] Le cunte. B. L'encuntre]. *Il est évident que les signes pour* n *et pour* r *peuvent avoir été oubliés (la place du premier est restée en blanc)*.
919 D.] merveilleient.
920 D.] I vent.

Ne vus estut avant aler,
Car jo sui Tristran apellez ;
Or me dites que vus volez. »
935 Il respunt : « Ceste novele aim.
Jo ai a nun Tristran le Naim ; (D. f° 7a)
De la marche sui de Bretanie
E main dreit sur la mer d'Espanie.
Castel i oi e bele amie,
940 Altretant l'aim cum faz ma vie ;
Mais par grant peiché l'ai perdue :
Avant er nuit me fud tollue.
Estult l'Orgillius Castel Fer
L'en a fait a force mener.
945 Il la tent en sun castel,
Si en fait quanques li est bel.
Jon ai el quer si grant dolur
A poi ne muer de la tristur,
De la pesance e de l'anguisse ;
950 Suz cel ne sai que faire puisse ;
N'en puis senz li aveir confort ;
Quant jo perdu ai mon deport
E ma joie e mun delit,
De ma vie m'est pus petit.
955 Sire Tristran, oï l'ai dire,
Ki pert iço qu'il plus desire,
Del surplus deit estre poy.
Unkes si grant dolur nen oi,
E pur ço sui a vus venuz :
960 Dutez estes e mult cremuz
E tuz li meldre chivalers,
Li plus francs, li plus dreiturers,
E icil qui plus ad amé

---

943 D.] O. del Castel Fer. *Mais cf. v.* 1019.
944 *Remarquez la rime* fier > fer : mener.
949 D.] de le anguise. *Remarquons* ŭ (o̤) + y : o + y (*cf.* D. 1177, 1501, 1693).
958 D.] en oi.
962 D.] francis.
963 D.] quil plus.

De trestuz ceus qui unt esté ;
965 Si vus en cri, sire, merci,
Requer vostre franchise e pri
Qu'a cest busuinie od mei venez,
E m'amie me purchacez.
Humage vus frai e lijance,
970 Si vus m'aidez a la fesance. »
Dunc dit Tristrans : « A mun poeir
Vus aiderai, amis, pur veir ;
Mes a l'hostel ore en alum :
Contre demain nus aturnerum,
975 Et si parfeisums la busunie. » (D. f° 7b)
Quant il ot que le jur purluinie,
Par curuz dit : « Par fei, amis,
N'estes cil que tant a pris !
Jo sai que, si Tristran fuissét,
980 La dolur qu'ai sentissét,
Car Tristran si ad amé tant
Qu'il set ben quel mal unt amant.
Si Tristran oïst ma dolur,
Il m'aidast a icest amur ;
985 Itel peine ne itel pesance
Ne metreit pas en purlungance.
Qui que vus seiét, baus amis,
Unques ne amastes, ço m'est avis.
Se seüsez que fud amisté,
990 De ma dolur eussez pité :
Que unc ne sot que fud amur,
Ne put saver que est dolur,

---

973 D.] a le hostel.
975 *Bien que le présent pour le futur ne soit pas encore fréquent, nous conservons la leçon du ms. La forme en ums est rare dans notre texte.*
978 D.] ai pris ; *ai pour* a, *lapsus* ; pris, *substantif* (*pretium*).
979 *Cf.* aidast *v.* 984.
983 D.] oit.
986 D.] meteit.
989 fud, *parfait, par attraction ? cf.* D. 64 *et* 991.

E vus, amis, que ren amez,
Ma dolur sentir ne poez ;
995 Se ma dolur pussét sentir,
Dunc vuldriez od mei venir.
A Deu seiez ! Jo m'en irrai
Querre Tristran quel troverai.
N'avrai confort se n'est par lui.
1000 Unques si esgaré ne fui !
E ! Deus, pur quei ne pus murir
Quant perdu ai que plus desir ?
Meuz vousisse la meie mort,
Car jo n'avrai nul confort,
1005 Ne hait, ne joie en mun corage,
Quant perdu l'ai a tel tolage,
La ren el mund que plus aim. »
Eissi se pleint Tristran le Naim ;
Aler se volt od le congé.
1010 L'altre Tristran en ad pité
Et dit lui : « Bels sire, ore esteez !
Par grant reisun mustré l'avez
Que jo dei aler ove vus,
Quant jo sui Tristran le Amerus (D. f° 7c)
1015 E jo volenters i irrai ;
Suffrez, mes armes manderai. »

Mande ses armes, si s'aturne,
Ove Tristran le Naim s'en turne.
Estult l'Orgillus Castel Fer
1020 Vunt dunc pur occire aguaiter.
Tant sunt espleité e erré
Que sun fort castel unt trové.
En l'uraille d'un bruil descendent,
Aventures iloc atendent.

---

996 D.] vuldiez.
1003 D.] vousist.
1011 *Cf. v.* 864 *pour graphie* esteez.
1015 D.] volenteres.

1025 Estut le Orgillius ert mult fers,
Sis freres ot a chevalers
Hardiz e vassals e mult pruz,
Mais de valur les venquit tuz.
Li dui d'un turnei repairerent ;
1030 Par le bruill les embuscherent,
Escrierent les ignelement,
Sur eus ferirent durement ;
Li dui frere i furent ocis.
Leve li criz par le païs
1035 E muntent icil del castel.
Li sires ot tut sun apel
E les dous Tristrans assailirent
E agrement les emvaïrent.

1026 D.] ses. *Faut-il ici un pronom possessif ou un nom de nombre ? La dernière supposition semble vraisemblable (v. 1033 et 1044), d'après notre texte* sis *serait exact, non* set, *mais la Saga, éd.* Kölbing: *trad. p. 199 a:* « *er hatte sieben Brüder* ». *On pourrait supposer une mauvaise traduction ou lecture de la Saga, qui a pu avoir* « *es waren sieben Brüder* ». *Ceci nous paraît confirmé par le fragment en bas-francique du XIIIe siècle, cité par* B., I, *p.* 383:
« Nu hadde de burch here
« Grote macht und ere
« Unde was wal sevede bruoder. » (*v.* 93-95)
Le v. 1051 *de* D. *confirme qu'ils sont six, puisque* « ore sunt li set frere ocis » *comprend* Estult.

1027 D.] muz.

1030 D.] les s'embuscherent. B.] cil s'embuscherent. *Nous prenons* embuscher *au sens de surprendre en embuscade.*

1033 D.] deui. B.] deus. B. *croit qu'après le v.* 1034 *il y a une lacune de 2 ou de 4 vers et base cette hypothèse sur la Saga, trad. p.* 200: « *da wurde das einer der Uebrigen gewahr und erhob sofort Kriegsgeschrei; als die im Schlosse das hörten waffneten sie sich und ritten auf jenen entgegen.* » *Dans le cas d'une lacune,* sun apel *du v.* 1036 *se rapporterait donc au troisième qui a appris la mort des deux autres. Il nous semble que les vers peuvent se lire sans cette intercalation en mettant un point après* castel. Sun *se rapporte alors à* cri, *chose il est vrai assez inattendue, mais non impossible. Une inversion des v.* 1035-1036 *faciliterait la lecture, dans ce cas nous mettrions une virgule après* castel.

1038 D.] E eagrement.

Cil furent bon chevaler,
1040 De porter lur armes e manier ;
Defendent sei encuntre tuz
Cum chevaler hardi e pruz,
E ne finerent de combatre
Tant qu'il orent ocis les quatre.
1045 Tristran li Naim fud mort ruez,
E li altre Tristan navrez,
Par mi la luingne, d'un espé (Sn.[2] f° 11a)
Ki de venim fu entusché.
En cel ire ben se venja,
1050 Car celi oçist quil' navra.
Ore sunt tuit li set frere ocis,
Tristran mort e l'altre malmis,
Qu'enz el cors est forment plaié. (D. f° 7d)
A grant peine en est repairé
1055 Pur l'anguise qui si le tent ;
Tant s'efforce qu'a l'ostel vent,
Ses plaies fet aparailler,
Mires querre pur li aider.
Asez en funt a lui venir :
1060 Nuls nel puet del venim garir,
Car ne s'en sunt aparceü,
E par tant sunt tuit deceü ;
Il ne sevent emplastre faire

1043 D.] combaltre.
1047 *Ici commence* Sneyd[2]. *Bien que nous nous en tenions aux variantes significatives, nous en citons ici davantage: elles nous semblent plus importantes puisqu'elles appartiennent au ms. retrouvé. Là où une variante du ms.* D. *est indiquée dans les notes, nous suivons le texte de* Sneyd[2], *sauf mention d'amendement. Pour certains traits orthographiques* (u, o, *p. ex.*) *nous gardons les graphies* D. *Une parenthèse après les deux sigles indique que les mss. ont la même leçon.*
1047 Sn[2]] luine, d'une espee.
1055 Sn[2]] tient. D.] ci len tent.
1056 Sn[2]] vient.
1057 Sn.[2]] fait reparaillier. D.] plais fez.
1063 Sn.[2]] Il ni sievent D.] fair.

Ki le venim em puisse traire.
1065 Asez batent, triblent racines,
Cuillent erbes e funt mecines,
Mais nel en puent ren aider :
Tristran ne fait fors empeirer.
Li venims espant par tut le cors,
1070 Emfler le fait dedenz e dehors ;
Nercist e teint, sa force pert,
Li os sunt ja mult descovert.
Or entend ben qu'il pert la vie
S'il del plus tost n'ad aïe,
1075 E veit que nuls nel puet guarir
E pur ço l'en covent murir.
Nuls ne set en cest mal mecine ;
Nequident s'Ysolt la reïne
Icest fort mal en li saveit (Sn.[2] f° 11b)
1080 E od li fust, ben le guareit ;
Mais ne puet a li aler
Ne suffrir le travail de mer ;
E il redute le païs,
Car il i ad mult enemis ;
1085 N'Ysolt ne puet a li venir ;
Ne seit coment puise garir.
El cuer en ad mult grant dolur,

1064 D.] Ki l'em puisse geter ou traire.
1067 D.] empuent ren. Sn.[2]] Mais il nel puent de.
1068 D.] ne puet.
1069 Sn.[2] tut *manque*.
1071 Sn.[2]] sa colur.
1074 D.] de plus t.
1075 D.] gaurir.
1076 Sn.[2]] lui.
1077 Sn.[2]] set a sun mal ... (*dernier mot illisible*).
1079 Sn.[2]] S'ele cest mal en lui s.
1080 Sn.[2]] ove lui fust, ele.
1081 Sn.[2]] ne puet pas.
1082 D.] du mer.
1085 D. *second* ne *manque*.
1086 D.] Ne ce coment.
1087 Sn.[2] en *manque*.

Car mult li greve la langur,
Le mal, la puür de la plaie ;
1090 Pleint sei, forment s'en esmaie,
Car mult l'anguise le venim ;
A privé mande Kaherdin : (D. f° 8a)
Descovrir volt la dolur,
Emvers lui ot leele amur ;
1095 Kaherdin repot lui amer.
La chambre u gist fait delivrer :
Ne volt sufrir qu'en la maisun
Remaine al cunseil se eus dous nun.
En sun quer s'esmerveille Ysolt
1100 Qu'estre puise qu'il faire volt,
Se le secle vule guerpir,
Muine u chanuine devenir :
Mult par est en grant effrei.
En dreit sun lit, suz la parei,
1105 Dehors la chambre vait ester,
Car lur conseil volt escuter.
A un privé guaiter se fait
Tant cum suz la parei estait.
Tristran s'est tant efforcé

1088 D.] le langur.
1089 D.] la plai. *Nous gardons* le mal, *malgré l'incorrection, la déclinaison étant déjà si caduque. cf.* 1091.
1090 Sn.[2]] Pleint se forment e molt s'esmaie.
1093 Sn.[2]] lui volt.
1094 Sn.[2]] out leale.
1095 Sn.[2]] Kaherdins.
1096 D. fait *manque*. Sn.[2] u gist *manque*.
1098 Sn.[2]] ses dous.
1099 D.] merveille. *Ysolt tout court, appliqué ici à l'épouse, est exceptionnel.*
1100 Sn.[2]] pout que.
1101 Sn.[2]] S'il le siecle volt.
1102 Sn.[2]] canuine.
1104 D.] deit .... parai.
1105 Sn.[2]] Defors.
1107 *C'est-à-dire pour ne pas être surprise, Ysolt se fait garder.*
1108 D.] la parer.
1109 Sn.[2]] E Tr.

1110 Qu'a la parei est apuié.
Kaherdin set dejuste lui (Sn.^{2} f° 11c)
Pitusement plurent andui,
Plangent lur bone companie
Ki si brefment ert departie,
1115 L'amur e la grant amisté ;
El quer unt dolur e pité,
Anguice, peisance e peine ;
Li uns pur l'altre tristur meine.
Plurent, demeinent grant dolur,
1120 Quant si deit partir lur amur :
Mut ad esté fine e leele.
Tristran Kaherdin en apele,
Dit li : « Entendez, beas amis,
Jo sui en estrange païs,
1125 Jo ne ai ami ne parent,
Bel compaing, fors vus sulement.
Unc n'i oi deduit ne deport,
Fors sul par le vostre confort.
Ben crei, s'en ma terre fuce,
1130 Par conseil garir i puce ;
Mais pur ço que ci n'ad aïe, (D. f° 8b)
Perc jo, bels dulz compainz, la vie ;
Senz aïe m'estut murir,

1110 D.] Que la.
1111 Sn.^{2}] Kaherdins.
1113 D.] bon. Sn.^{2}] plainent lor bone cumpainie.
1114 Sn.^{2}] briefment ert finie.
1117 Sn.^{2}] a., pitié e p.
1118 Sn.^{2}] dolur m. D.] Tristan (*sic*) meine.
1119 Sn.^{2}] e meinent.
1120 D.] departir deit.
1122 *Rime e̱ < a: e < ẹ entravé.*
1123 D.] beal.
1126 D.] compaigne forcez vus. Sn.^{2}] Bes amis.
1127 D.] debut.
1128 D.] sule. Sn.^{2}] Fors par le vostre ben c.
1129 Sn.^{2}] crei que si.
1132 Sn.^{2}] perd, *cf.* Sn.^{1} *v.* 9 perc.
1133 Sn.^{2}] murir m'estuit.

Car nuls hum ne me put garir
1135 Fors sulement reïne Ysolt.
Et le puet fere, sil' volt :
La mecine ad e le poeir,
E, se le seüst, le vuleir.
Mais, bels compainz, n'i sai que face,
1140 Par quel engin ele le sace.
Car jo sai bien, s'ele le soüst,
De cel mal aider me poüst,
Par sun sen ma plaie garir ; (Sn.^{2} f° 11d)
Mais coment i puet ele venir ?
1145 Se jo seüse qui i alast
Mun message a li portast
Acun bon conseil me feïst,
Des que ma grant besuine oïst.
Itant la crei que jol sai ben
1150 Que nel larreit pur nule ren
Ne m'aidast a ceste dolur,
Emvers mei ad si ferm amur !
Ne m'en sai certes conseiler,
E pur ço, compainz, vus requer :
1155 Pur amisté e pur franchise
Enpernez pur moi cest servise !
Cest message faites pur mei
Pur cumpanie e sur la fei

1134 Sn.^{2}] Quant ... guarir ne me poit. D.] hume.
1136 Sn.^{2}] Ele le me puit sele volt.
1137 D.] ele ad poier.
1138 Sn.^{2}] Si ele oust le voleir.
1139 Sn.^{2}] mis bels compainz.
1141 D.] Suist, *graphie spéciale de* D., *rare cependant car cf. v.* 1145 *etc.*
1142 D.] puest.
1145 D.] i last.
1146 Sn.^{2}] E mun.
1147 D.] moi fereit.
1148 D.] ma grant message oreit.
1150 D.] Qu ele ne larreit pur nul ren. Sn.^{2} nule rien] *v.* 1164 tute rien.
1152 Sn.^{2}] grant amur.

Qu'afiastes de vostre main
1160 Quant Ysolt vus dona Brengvein !
E jo ci vus affi la meie,
Si pur mei empernez la veie,
Vostre liges hum devendrai,
Sur tute ren vus amerai. »

1165 Kaherdin veit Tristran plurer,
E ot le pleindre, desconforter,
Al quer en ad mult grant dolur,
Tendrement respunt par amur,
Dit lui : « Bel compaing, ne plurez,
1170 E jo frai quanque vus volez. (D. f° 8c)
Certes, amis, pur vus garir,
Me metrai mult pres de murir,
E en aventure de mort
Pur conquerre vostre confort.
1175 Par la lealté que vus dei, (Sn. f° 12a)
Ne remaindra mie pur mei
Ne pur chose que fere puise,
Pur destrece ne pur anguise,
Que jo n'i mette mun poer
1180 A faire vostre vuler.
Dites que li vulez mander,
E jo m'en irrai aprester. »

1161 D.] affei.
1162 D.] empenez.
1163 D.] liges en d.
1164 D.] tut ren.
1166 D.] deconforter.
1167 Sn.²] tendrur.
1168 Sn.²] dulcement.
1170 Sn.²] E jo ferai quanque volez.
1172 Sn.²] del murir.
1174 D.] conquerr.
1176 Sn.²] en mei.
1177 D.] choce fere puise.
1179 D.] ne met.
1180 D.] A faire vostro vuler. Sn.²] faire en tuit vostre voler.
1181 D.] vuliez.

Tristran respunt : « Vostre merci !
Ore entendez que jo vus di.
1185 Pernez cest anel ov vus.
Ço sunt enseingnes entre nus,
E quant en la terre vendrez,
En curt marcheant vus frez,
E porterez bons dras de seie.
1190 Faites qu'ele cest anel veie,
Car des qu'ele l'avrad veü
E de vus s'iert aparceü
Art e engin apres querra
Qu'a leiser i parlera.
1195 Dites li saluz de ma part,
Que nule en moi senz li n'a part.
De cuer tanz saluz li emvei
Que nule ne remaint od mei.
Mis cuers de salu la salue,
1200 Senz li ne m'ert santé rendue ;
Emvei li tute ma salu.
Cumfort ne m'ert jamais rendu,
Salu de vie ne santé,
Se par li ne sunt aporté.
1205 S'ele ma salu ne m'aporte

1184 Sn.[2]] vos pri.
1185 Sn.[2]] avoc.
1187 D.] venez.
1190 D.] faitez.
1192 Sn.[2]] E vos aura aparceu.
1196 Sn.[2]] senz li en mei n'a part.
1197 D.] Des cuer.
1198 D.] moi. Sn.[2]] ove mei.
1199 *Mon cœur la salue espérant d'elle mon salut* (*cf.* B., I, *p.* 390).
1200 D.] rendu. Sn.[2]] ne m'ert salu rendue. Santé *semble la bonne leçon, cf. v.* 1207 *et l'accord du participe dans* Sn.[2]. *Le copiste de* Sn. *aura été amené à remplacer* santé *par* salu *qui se présente aux vers qui précèdent et suivent.*
1202 D.] jamis. Sn.[2]] ne mei ert ja rendu.
1203 Sn.[2]] Salu demaine (de ma vie ?) ne sancté. *Nous préférons la leçon* D., *cf. v.* 1445.
1204 Sn.[2]] ne me sunt aporté.

E par buche ne me conforte,
Ma santé od li dunc remaine, (Sn.[2] f° 12b)
E jo murrai od ma grant peine;
En fin dites que jo sui morz (D. f° 8d)
1210 Se jo par li n'aie conforz.
Demustrez li ben ma dolur
E le mal dunt ai la langur,
E qu'ele conforter moi venge.
Dites li qu'ore li suvenge
1215 Des emveisures, des deduiz
Qu'eümes jadis jors e nuiz,
Des granz peines, des tristurs
E des joies e des dusurs
De nostre amur fine e veraie
1220 Quant ele jadis guari ma plaie,
Del beivre qu'ensemble beümes
En la mer quant suppris en fumes.
El beivre fud la nostre mort,
Nus n'en avrum ja mais confort;
1225 A tel ure duné nus fu
A nostre mort l'avum beü.
De mes dolurs li deit menbrer
Que suffert ai pur li amer:

1206 Sn.[2]] E par sa buche.
1207 Sn.[2] dunc *manque*.
1209 Sn.[2]] li dites.
1210 D.] ne ai les.
1211 Sn.[2]] langur.
1214 Sn.[2]] Dites li ore.
1215 D.] emv. jurs et nus.
1216 Sn.[2]] Que humes. D.] Qu'omes ensemble a gredduiz.
1217 D.] de triturs.
1218 D.] E de joies et de dusurs.
1219 D.] verai.
1220 Sn.[2] plaie]. *Cf. v.* 1143 *et* 1293. D.] guarrai, plai.
1221 D.] beuimes.
1222 D.] quen suppris.
1223 Sn.[2]] Al bevre fu.
1226 Sn.[2]] Nostre mort i avum beu.
1227 D.] me dolurs.

Perdu en ai tuz mes parenz,
1230 Mun uncle le rei e ses genz ;
Vilment ai esté congeiez,
En altres terres eissilliez ;
Tant ai suffert peine e travail
Qu'a peine vif e petit vail.
1235 La nostre amur, nostre desir
Ne poet unques hum partir ;
Anguise, peine ne dolur
Ne porent partir nostre amur :
Cum il unques plus s'esforcerent (Sn.^{2} f° 12c)
1240 Del partir, mains espleiterent ;
Noz cors feseient desevrer,
Mais l'amur ne porent oster.
Menbre li de la covenance
Qu'ele me fist a la desevrance
1245 El gardin, quant de li parti,
Quant de cest anel me saisi :
Dist mei qu'en quele terre qu'alasse,
Altre de li ja mais n'amasse. (D. f° 9a)
Unc puis vers altre n'oi amur,
1250 N'amer ne puis vostre serur,

1229 D.] mez.
1230 D.] unche. Sn.^{2}] et tuz ses gens.
1232 D.] eseilleiez; *corr.* B. Sn.^{2}] issiliez. *La rime assez irrégulière* -eiez: -iez, *se retrouve Folie d'O. v.* 859-860, cunjeiez: chascez.
1235 D.] desire.
1236 D.] hume.
1238 Sn.^{2}] porrunt.
1239 D.] seforcerent.
1240 Sn.^{2}] Del departir. D.] De partir.
1241 D., Sn.^{2}] feseint.
1242 Sn.^{2}] Mais rien ne purent covenir.
1244 Sn.^{2}] sevrance. *Allusion à l'épisode ms.* C. *v.* 45-52. *Cf. aussi* Sn.^{1} *v.* 407-408. D.] deseverance.
1246 Sn.^{2}] Que de.
1247 D.] Dit. Sn.^{2}] quele t. a.
1249 Sn.^{2}] Unques vers nule n'oi.
1250 D.] puisc.

Ne li ne altre amer porrai
Tant cum la reïne amerai ;
Itant aim Ysolt la reïne
Que vostre serur remain mechine.
1255 Sumunez la en sur sa fei
Qu'ele a cest besunge venge a mei :
Ore i perge s'unques m'ama !
Quanque m'ad fait poi me valdra
S'al besuingn ne me volt aider,
1260 Cuntre cel dolur conseiler.
Que me valdra la sue amor,
Se ore me falt en ma dolur ?
Ne sai que l'amisté me valt,
S'a mun grant besuing ore falt.
1265 Poi m'ad valu tut sun confort
S'ele ne m'aït cuntre la mort.
Ne sai que l'amur ait valu,
Se aider ne me volt a salu.
Kaherdin, ne vus sai preier
1270 Avant d'icest que vus requer :
Faites al melz que vus poez, (Sn.[2] f° 12d)
E Brengvein mult me saluez.
Mustrez li le mal que jo ai :

1251 Sn.[2]] ne purrai. *Le second ne n'étant pas toujours exprimé dans* D., *nous ne l'introduisons pas.*
1252 D.] amarai
1254 D., Sn.[2]] serur, *vu l'accord des deux mss. nous ne corrigeons pas. Dans la Folie d'O.* (éd. Hoepffner) *v.* 282 *on a probablement* sor *au cas régime. Même la chanson de Roland confond les deux formes.*
1255 D.] sai fei.
1257 Sn.[2]] pirge. B.] pere.
1259 Sn.[2]] ne me voille aider. D.] ne moi volt (aider *manque*).
1262 D.] Se ore me defalt.
1266 D.] ne male. Sn.[2]] S'ele me n'ait.
1268 D.] ne moi.
1269 Sn.[2]] preer.
1270 Sn.[2]] requirt.
1271 D.] la melz.
1272 D.] A Br. ... ne saluez.

Se Deu n'en pense, jo murrai ;
1275 Ne puz vivre lungement
A la dolur, al mal que sent.
Pensez, cumpaing, del espleiter
E de tost a moi repeirer,
Car se plus tost ne revenez,
1280 Sachez ja mais ne me verrez.
Quarante jurs aiez respit ;
E se ço faites que jo ai dit,
Qu'Ysolt se venge ove vus,
Gardez nuls nel sache fors nus.
1285 Celez l'en vers vostre serur,
Que suspeçiun n'ait de l'amur :
Pur miriesce la ferez tenir, (D. f° 9b)
Venue est ma plai guarir.
Vus en merrez ma bele nef,
1290 Porterez i duble tref :
L'un est blanc e le altre neir ;

1274 D.] ne pense.
1277 Sn.[2]] cumpainz.
1279 Sn.[2]] Kar si de plus tost ne repairez.
1281 D.] Quarant jurs seit le respiz.
1282 Sn.[2] E *manque.* D.] diz.
1283 Sn.[2]] Si que Ysolt vinge avoc vos. D.] ov.
1284 D.] ne sache.
1285 Sn.[2]] Celez les eires.
1286 D.] susspeciun.
1287 D.] Pur mire la ferez tenir; mire *ne se présente pas au féminin et* miriesce *est fréquent d'après* Go; *nous prenons donc la leçon* Sn. *soutenue par le féminin du v. suivant.*
1288 D.] Venua è ma plai guarir; a *pour* e *est une incorrection qui se présente ailleurs dans* D. *Le féminin s'explique même avec* mire *par « attraction » puisqu'il s'agit d'Yseut.* Sn.[2]] Venue est pur ma plaie guarir. Vising, *op. cit., p.* 31, *cite ce vers comme exemple d'avoir avec un verbe intransitif, qui aurait donc le sens d'être. Cette observation est basée sur l'amendement* B. venue a ma plaie guarir, *où* Vis. *considère* a *comme verbe, ce qui semble fort douteux. La leçon* Sn. *aurait pu le mettre en garde, d'ailleurs* D. *aussi a* ē *(= est).*
1289 D.] bel.
1290 Sn.[2]] E porterez.
1291 Sn.[2]] L'un en ert... l'altre neir.

Se vus Ysolt poez aver,
Qu'ele venge ma plai garir,
Del blanc siglez al revenir ;
1295 E se vus Ysolt n'amenez,
Del neir sigle idunc siglez.
Ne vus sai, amis, plus que dire ;
Deus vus conduie, nostre sire,
E sein e salf il vus remaint ! »
1300 Dunc suspire e plure e plaint,
E Kaherdin plure ensement,
Baise Tristran e congé prent.
Vait s'en pur sun ere aprester ; (Sn.[2] f° 13a)
Al primer vent se met en mer.
1305 Halent ancres, levent lur tref,
E siglent amunt al vent suef,
Trenchent les wages e les undes,
Les haltes mers e les parfundes.
Meine bele bachelerie,
1310 De seie porte dràperie
Danré d'estranges colurs
E riche veissele de Turs,
Vin de Peito, oisels d'Espaine,
Pur celer e covrer s'ovraingne,

1298 Sn.[2]] Deus vos salue. D.] Deu.
1299 Sn.[2] il *manque*.
1301 Sn.[2] E *manque*.
1302 D.] Base.
1303 Sn.[2]] estre aprester.
1305 Sn.[2]] lievent. *Emploi naïf du pluriel et retour au singulier v.* 1309.
1306 Sn.[2]] Siglent avant a vent.
1310 Sn.[2]] portent.
1311 Sn.[2]] Aovre. B. *préfère la leçon* Sn., *mais danré de mercerie se trouve dans* Go. *Nous voyons en* danré *une lectio difficilior que le copiste n'a sans doute pas introduite;* estrange, *le copiste n'écrit pas toujours l's du pluriel, mais au féminin il paraît assez régulièrement.*
1311-1312 rime ọ: u *cf.* Sn.[1] 673-674.
1313 D.] oisisels.
1314 D.] ovrainge. Sn.[2]] covrir lor ovrainge.

1315 Coment venir pusse a Ysolt,
Cele dunt Tristran tant se dolt.
Trenche la mer ove sa nef,
Vers Engletere a plein tref.
Vint jurz, vint nuz i a curu
1320 Einz qu'il seit en l'isle venu,
Einz qu'il puise la parvenir
U d'Ysolt puise ren oïr.

Ire de femme est a duter,
Mult s'en deit chaschuns garder,
1325 Car la u plus amé avra,
Iluc plus tost se vengera. (D. f° 9c)
Cum de leger vent lur amur,
De leger vent lur haür,
E plus dure lur enimisté,
1330 Quant vent, que ne fait l'amisté.
L'amur ne sevent amesurer,

1315 Sn.²] poisse.
1317 Sn.²] avoc.
1319 D.] Uit nuiz e uit nuz (jurz ?) ... cunu. Sn.²] Vint jurz, vint jurs i a coru. *Sur la durée du voyage cf.* B., I, *p.* 395. *La leçon* Sn.² *est évidemment la bonne* (*cf. v.* 1281 : quarante jurs aiez respit), *mais il faut alors admettre que le retour ait été beaucoup plus rapide, puisque la tempête les retarde de cinq jours* (v. 1697) *et que Kaherdin a dû rester au moins un jour en Angleterre. Il est vrai que le vent les a favorisés au début* (*v.* 1536). *Nous amendons:* vint jurz, vint nuz.
1320 Sn.²] Ainz qu'il al ille seit venuz.
1321 D.] Eint. Sn.²] qu'il i pouse parvenir.
1323 Sn.²] Gre de *cf. Folie d'O.* mult par est femme de grant ire (*v.* 446). *Allusion à l'Ecclés.* (*Jesus Sirach*) XXV, 22 ? *Cf.* Novati, *op. cit., p.* 403.
1324 Sn.²] Bien ... chascuns hum.
1325 Sn.²] Car ou elle plus ... avrat.
1326 Sn.²] vengerat.
1328 Sn.²] revent.
1330 D. fait *manque.*] ne que.
1331 Sn.²] L'amur sovent amesurer. B. *préfère la leçon* Sn.² *qui s'accorde mieux avec les v.* 1329-1330. *Cependant la leçon* D., *qui attribue aux femmes l'excès en toutes choses, semble*

E la haür nent atemprer,
Itant cum eles sunt en ire ;
Mais jo ne os mun ben dire
1335 Car il n'affirt nient a mei. (Sn.[2] f° 13b)
Ysolt estoit suz la parei,
Les diz Tristran escute e ot,
Ben ad entendu chacun mot :
Aparceüe est de l'amur.
1340 El quer en ad mult grant irrur,
Qu'ele ad Tristran tant amé,
Quant vers altre s'est aturné ;
Mais ore li est ben descovert
Pur quei la joie de li pert.
1345 Ço qu'ele ad oï ben retent,
Semblant fait que nel sace nent ;
Mais tres qu'ele aise en avra,
Trop cruelement se vengera
De la ren del mund qu'aime plus.
1350 Tres que overt furent li us,
Ysolt est en la chambre entree,

---

admissible. Il est vrai que le v. 1332 *devrait alors plutôt commencer par* ni. Sovent *est un lapsus,* o *et* e *se confondent aisément, ici dans* D. *et dans* Sn.[2].

1332 Sn.[2]] La haur a destemprier.

1333 D.] ... ele est sun en ire.

1334 D.] jo ne os ben mun dire. Sn.[2]] nen os si bien dire. B.] ben mun sen dire. *Les deux mss. ayant un texte douteux, nous gardons* D. *avec une légère correction.* (Mun ben *pour* ben mun), *en admettant que* ben *soit une graphie pour* buen. *Or,* dire son bon *se trouve dans Cligès* (*cf. dict.* Foerster) *avec le sens de dire ce qu'on a sur le cœur, ce qui s'applique parfaitement ici.*

1335 D.] n'afert rens emvus mei.

1338 Sn.[2]] chescun.

1340 Sn.[2]] tendrur.

1344 Sn.[2]] lui.

1345 Sn.[2]] Co qu'ad oi ben retient.

1346 Sn.[2]] que fa nient.

1347 Sn.[2]] tresque aise en avrat.

1348 Sn.[2]] cuelment ... vengerat.

1350 Sn.[2]] sunt overt.

1351 Sn.[2]] en est la chambre.

Vers Tristan ad s'ire celee,
Sert le e mult li fait bel semblant
Cum amie deit vers amant,
1355 Mult ducement a li parole,
E sovent le baise e acole,
E mustre lui mult grant amur,
E pense mal en cele irrur
Par quel manere vengé ert,
1360 E sovent demande e enquert
Kant Kaherdin deit revenir
Od le mire quil' deit guarir ;
De bon curage pas nel plaint :
La felunie el cuer li maint
1365 Qu'ele pense faire, s'ele puet (D. f° 9d)
Car ire a ço la comuet.
Kaherdin sigle amunt la mer, (Sn.[2] f° 13c)
E si ne fine de sigler
De si la qu'il vent a l'altre terre,
1370 U vait pur la reïne querre :
Ço est l'entree de Tamise ;
Vait en amunt a marchandise ;
En la buche, dehors l'entree,
En un port ad sa nef ancree ;
1375 A sun batel en va amunt

1352 D.] ad sei recelee. *Ici il semble que* D. *ait corrigé* sa ire celee *ou* se ire celee *en* sei recelee *en séparant mal les mots.* (*Remarque de* Hoepffner).
1353 D.] bele Sn.[2]] fait lui bel semblant.
1355 D.] a li s'acole.
1356 Sn.[2]] Sovent baise sa buche mole.
1358 Sn.[2]] en sun irur.
1359 Sn.[2]] manire vengie.
1361 Sn.[2]] Kaherdins deit venir.
1362 D.] gaurir.
1366 Sn.[2]] ico commut.
1370 Sn.[2]] U ala pur ... cunquerre. D. U *manque.*
1372 Sn.[2]] Vait amunt od sa marcheandise. *Ici* a *peut avoir le sens de « avec ». Cf. v.* 1393 a ses oisels *et v.* 1434 sulz a = *seul avec, cf. Folie d'O. v.* 379, 811, 816.
1373 Sn.[2]] defors.
1375 Sn.[2]] Od ... vait.

Dreit a Lundres, desuz le punt ;
Sa marchandise iloc descovre,
Ses dras de seie pleie e ovre.

Lundres est mult riche cité,
1380 Meliur n'ad en cristienté,
Plus vaillante ne melz aisie
Melz guarnie de gent preisie.
Mult aiment largesce e honur,
Cunteinent sei par grant baldur.
1385 Le recovrer est de Engleterre :
Avant d'iloc ne l'estuet querre.
Al pé del mur li curt Tamise ;
Par la vent la marchandise
De tutes les teres qui sunt
1390 U marcheant cristien vunt.
Li hume i sunt de grant engin.
Venuz i est dan Kaherdin
Ove ses dras, a ses oisels,
Dunt il ad de bons e de bels.
1395 En sun pung prent un grant ostur
E un drap d'estrange culur

1377 Sn.[2]] marcheandise. D.] descovrer.

1378 Sn.[2]] plie e covre.

1380 Sn.[2]] Meilliure.

1381 D.] vaillance ... assise. Sn.[2]] preisie.

1382 D.] gauarnie ... preisee. Sn.[2]] aisie. *Dans le ms.* D. *la rime est évidemment corrompue.* Assise *est plus caractéristique pour une ville, sans doute. Est-ce une correction de* D. *pour* aisie *ou un lapsus ? Nous gardons* D. *avec une légère correction.* preisee *peut être une graphie pour* preisie.

1383 Sn.[2]] largesces e honurs.

1384 Sn.[2]] Continent ... granz baldurs.

1385 Sn.[2] Le *manque ;*] recovrier.

1389 D. teres *manque.*

1391 Sn.[2]] engins.

1392 Sn.[2]] Kaherdins.

1393 Sn.[2]] ove. *Pour* a *au sens d'« avec » cf. v.* 1372.

1394 Sn.[2]] des bons e des bels.

1395 D.] ostrur.

E une cupe ben ovree :
Entaillee e neelee.
Al rei Markes en fait present (Sn.[2] f° 13d)
1400 E li dit raisnablement
Qu'od sun aveir vent en sa terre
Pur altre guanier e conquerre :
Pais li doinst en sa regiun
Que pris n'i seit a achaisun, (D. f° 10a)
1405 Ne damage n'i ait ne hunte
Par chamberlens ne par vescunte.
Li reis li dune ferme pes,
Oiant tuz iceus del pales.
A la reïne vait parler,
1410 De ses avers li volt mustrer.
Un afiçail ovré de or fin
Li porte en sa main Kaherdin,
Ne qui qu'el secle melliur seit :
Present a la reine em fait.
1415 « Li ors est mult bons », ce dit ;
Unques Ysolt melliur ne vit ;
L'anel Tristran de sun dei oste,
Juste l'altre le met encoste,
E dit : « Reïne, ore veiez :

1397 D.] ben turee.
1398 Sn.[2]] Entaillie est e encelee. D.] Entaille.
1400 Sn.[2]] E si lui dit curteisement.
1401 Sn.[2]] vient.
1402 D.] ganir. *Le copiste semble confondre* gu, ga, gau, gua.
1403 Sn.[2]] dunst.
1405 D.] n'i ad. Sn.[2]] Que damage.
1406 D.] chambrlens.
1407 D.] Ferm. Sn.[2]] ferme pais.
1410 D.] cels avers.
1412 D.] port.
1413 Sn.[2]] siecle ... ait. *Les deux mss. ont* qui *au sens de* quid. *C'est donc la forme normande* quier *pour* quider.
1414 D.] Presen. Sn.[2]] A la reine present en f.
1415 Sn.[2]] en est molt buen, ço dit.
1416 Sn.[2]] Unques meilliur Ysolt.
1418 Sn.[2]] met l'encoste. D.] just.
1419 D.] Rein.

1420 Icest or est plus colurez
Que n'est li ors de cest anel ;
Nequedent cestu tenc a bel. »
Cum la reïne l'anel veit,
De Kaherdin tost s'aperceit ;
1425 Li quers li change e la colur
E suspire de grant dolur.
Ele dute a oïr novele,
Kaherdin une part apele,
Demande si l'anel vult vendre
1430 E quel aveir il en vult prendre,
U s'il ad altre marchandise. (Sn.[2] f° 14a)
Tut iço fait ele par cuintise,
Car ses gardes decevre volt.
Kaherdin est suz a Ysolt :
1435 « Dame », fait il, « ore entendez
Ço que dirrai, si retenez.
Tristran vus mande cum druz
Amisté, servise e saluz
Cum a dame, cum a s'amie
1440 En qui main est sa mort e sa vie.
Liges hum vus est e amis ;
A vus m'ad par busing tramis ;
Mande a vus ja n'avrat confort, (D. f° 10b)

1421 D.] nez li ors est.
1422 Sn.[2]] cestui tinc.
1425 Sn.[2]] cange.
1426 Sn.[2]] par gr. dolcur.
1428 Sn.[2]] E Kaherdin.
1429 D.] si anel.
1434 Sn.[2]] Kaherdins est suls e Ysolt ; suz (*solus*) *se trouve pour* suls *et* a *pour « avec »* (*cf. autres exemples v.* 1372). *Nous pouvons donc reproduire le vers sans le corriger.*
1436 Sn.[2]] dirra pur veir aiez.
1437 Sn.[2]] cume.
1439 Sn.[2]] a amie.
1440 Sn.[2]] en qui maint sa mort. *Cf.* Gottfried v. Strassburg, *éd.* Closs, *v.* 19414.
1441 D.] hume.
1443 Sn.[2]] Mande vus ja nen avrat.

Se n'est par vus, a ceste mort,
1445 Salu de vie ne santez,
Dame, si vus ne li portez.
A mort est navré d'un espé
Ki de venim fu entusché.
Nus ne poüm mires trover
1450 Ki sachent sun mal meciner ;
Itant s'en sunt ja entremis
Que tuit sun cors en est malmis.
Il languist e vit en dolur
En anguisse e en puür.
1455 Mande vos que ne vivra mie
Se il nen ad la vostre aïe,
E pur ço vus mande par mei,
Si vus sumunt par cele fei
E sur iceles lealtez
1460 Que vus, Ysolt, a li devez,
Pur ren del munde nel lassez

1444 D.] cest mort.
1445 Sn.[2]] sante. D. *a adapté la forme à la rime.*
1446 Sn.[2]] Si n'est par vus aporté. B.] Si ne sunt par vus aporté. *La leçon* Sn.[2] *rend textuellement le message de Tristan, cf. v.* 1204, *c'est pourquoi* B. *la préfère; de même* Misrahi, *Rom. Rev.* XLI, p. 56, *car l'erreur de déclinaison du vers* 1445 *se trouve ainsi supprimée. La déclinaison est si délabrée dans* D. *que cette considération ne nous a pas décidée. Nous gardons* D., *puisque ce texte est admissible et qu'il rend un appel plus direct et, à notre sens, plus touchant.*
1447 Sn.[2]] une espee. *Nous conservons* espe = *épieux; c'est sans doute* Sn. *qui a remplacé une forme archaïque par un mot qui lui était plus familier; l'erreur s'était déjà produite* D. *v.* 805 *et* Sn. *v.* D. 1047.
1448 D.] Li acers fud entusche.
1449 Sn.[2] nus *manque*] mirie.
1450 Sn.[2]] sache.
1451 Sn.[2]] se sunt.
1452 D.] Que tut sun cors ont malmis.
1453 Sn.[2] Il *manque.*
1455 D. a mud *exponctué, remplacé par* murad *ou* vivrad.
1458 Sn.[2]] A vos suvienge sur cele.
1459 D.] icels.
1460 Sn.[2]] lui.

Que vus a lui ore ne vengez,
Car unques mais n'en ot mester, (Sn.[2] f° 14b)
E pur ço nel devez lasser.
1465 Ore vus membre des granz amurs
E des peines e des dolurs
Qu'entre vus dous avez suffert !
Sa vie e sa juvente pert ;
Pur vus ad esté eissillez,
1470 Plusurs feiz del rengne chachez ;
Le rei Markes en ad perdu :
Pensez des mals qu'il ad eü !
Del covenant vus deit membrer
Qu'entre vus fud al desevrer
1475 Einz el jardin u le baisastes,
Quant vus cest anel li dunastes :
Pramistes li vostre amisté ;
Aiez, dame, de li pité !
Si vus ore nel sucurez,
1480 Ja mais certes nel recovrez ;
Senz vus ne puet il pas guarir ;
Pur ço vus i covent venir (D. f° 10c)
Car vivre ne puet altrement.
Iço vus mande lealment,

1463 Sn.[2]] Kar ... n'out.
1466 D.] de.
1468 Sn.[2]] e sa joie.
1470 Sn.[2]] Plusurs feiz dechaciez. D.] chachz.
1471 D.] le reis.
1472 D.] de mals. Sn.[2]] qu'ad eu.
1473 D.] vus dest remembrer.
1475 D.] baisates. Sn.[2]] Einz al.
1476 Sn.[2]] baisastes.
1477 Sn.[2]] lui.
1478 Sn.[2]] lui. D.] dam ... pete.
1480 *Le futur* recovrez *où une syllabe est tombée après* r, *se trouve. Les deux mss. le donnent.*
1481 D.] gaurir.
1482 Sn.[2]] vos i estuit ore venir.
1483 D.] mire. Sn.[2]] vivre ne put.

1485 D'enseingnes cest anel emveie :
Guardez le, il le vus otreie. »

Quant Ysolt entent cest message,
Anguice est en sun curage,
E peine e pité e dolur,
1490 Unques uncore n'ot maür.
Ore pense forment e suspire
Tristran sun ami desire,
Mais ele ne set coment aler ;
Ov Brengvein en vait parler.
1495 Cunte li tute l'aventure (Sn.[2] f° 14c)
Del venim de la navreüre,
La peine qu'ad e la dolur,
E coment gist en sa langur,
Coment e par qui l'a mandee,
1500 U sa plaie n'ert ja sanee ;
Mustré li a tute l'anguisse,
Puis prent conseil que faire puisse.
Ore comence le suspirer
E le plaindre e le plurer
1505 E la peine e la pesance
E la dolur e la grevance
Al parlement que eles funt,

1485 D.] De seingnes. Sn.[2]] De anseines ... veie (emveie) ; *pour la chute de cette syllabe initiale cf.* D. 14.
1486 D.] gardez.
1488 Sn.[2]] Anguisse est.
1490 Sn.[2]] en sa vie (s'ame ?) n'out maiur.
1491 D.] penz. Sn.[2] Ore *manque*.
1492 Sn.[2]] E Tr.
1493 Sn.[2]] n'i set.
1494 Sn.[2]] ove.
1498 Sn.[2]] gist e langur. D.] in sa.
1500 Sn.[2]] n'irt.
1501 D.] anguise. Sn.[2]] tute la langur.
1502 Sn.[2]] Puis purprent cunseil de sa dolur.
1504 D.] E plaindre.
1505 D.] pensance.
1507 Sn.[2]] A parlement.

Pur la tristur que de lui unt.
Itant unt parlé nequedent
1510 Conseil unt pris al parlement
Qu'eles lur eire aturnerunt
E od Kaherdin s'en irrunt
Pur le mal Tristran conseiller
E a sun grant bosing aider.
1515 Aprestent sei contre le seir,
Pernent ço que vuolent aveir
Tres que li altre dorment tuit,
A celee s'en vunt la nuit
Mult cuintement, par grant eür,
1520 Par une posterne de le mur
Que desur Tamise estoit (D. f° 10d)
Al flot muntant l'eve i veneit.
Li bastels i est tuit prest,
La reïne entree i est.
1525 Nagent, siglent od le treit;
Ysnelement al vent s'en vait.
Mult s'esforcent de l'espleiter : (Sn.[2] f° 14d)
Ne finent unques de nager,
De si la qu'a le grant nef sunt;

1508 Sn.[2]] Pur la dolur.
1510 D.] a le parlement.
1512 Sn.[2]] E ove K.
1513 Sn.[2]] conseillier.
1514 Sn.[2]] busuin.
1516 Sn.[2]] co que eles volent.
1518 D.] A cele ... nut.
1521 Sn[2]] Ki desur la T. esteit.
1522 D.] A flod ... leve e i veint. *Nous introduisons* Sn.[2] *car c'est* D. *qui semble avoir mal lu* — (veint *pour* veneit, *lapsus caractéristique*).
1523 D.] Le batel esteit tut prest.
1525 Sn.[2]] od le retrait.
1527 D.] Mult par cel forcent del espeiter. Sn.[2]] Molt s'efforcerent del espeiter. *La leçon* D. *est évidemment une mauvaise lecture de* sesforcent. *Remarquons que les deux mss. ont* espeiter.
1528 D.] Ne fusent.
1529 Sn.[2]] De si qua la grant venu seit.

1530 Levent les tres e puis s'en vunt.
Tant cum li venz les puet porter
Curent la lungur de la mer,
La terre estrange en costeiant
Par devant le port de Wizant,
1535 Par Buluingue e par Treisporz.
Li venz lur est portanz e forz
E la nef legere kis guie.
Passent par devant Normendie,
Siglent joius e leement,
1540 Kar oré unt a lur talent.

Tristran, qui de sa plaie gist,
En sun lit forment languist ;
De ren ne puet confort aveir ;
Mecine ne li put vailler
1545 Rien qu'il face ne li aüe,
D'Ysolt desire la venue,
Il ne coveite altre ren,
Senz li ne puet aveir nul ben ;
Pur li est ço qu'il tant vit ;
1550 Languist, atent la en sun lit,
En espeir est de sun venir
E que sun mal deive guarir,
E creit quil senz li ne vive.
Tut jurs emveie a la rive

1530 Sn.[2]] Lievent le tref si s'en vunt.
1531 Sn.[2]] puet les.
1532 D.] lungure.
1533 D.] contreiant ; en *manque*.
1534 D.] porte. Sn.[2]] Uitsant.
1535 Sn.[2]] ces porz.
1536 D.] Li vent e fort.
1540 Sn.[2]] oret.
1542 Sn.[2]] a dolur languist.
1544 Sn.[2]] ne lui pout valeir.
1545 D.] aueie.
1552 D.] gaurir.
1554 D.] emvet. Sn.[2]] Tut en jor emveie ; *confusion entre le subjonctif et l'indicatif dans* D.

1555 Pur veer si la nef revent :
Altre desir al quer nel tent ;
E sovent se refait porter,
Sun lit faire juste la mer
Pur atendre e veer la nef (Sn.[2] f° 15a)
1560 Coment ele sigle e a quel tref. (D. f° 11a)
Vers nule ren n'ad il desir
Fors sulement de le sun venir ;
En ço est trestut sun pensé,
Sun desir e sa volenté.
1565 Quanqu'ad el mund mis ad a nent
Se la reïne a lui ne vent ;
E raporter se fait sovent
Pur la dute qu'il en atent,
Car il se crent qu'ele n'i venge
1570 E que lealté ne li tenge,
E volt melz par altre oïr
Que senz li veie la nef venir.
La nef desire purveer,
Mais le faillir ne vult saveir.
1575 En sun quer en est angussus
E de li veer desirus ;
Sovent se plaint a sa muiller,

1555 D.] Pur ver ... revint.
1556 Sn.[2]] al cuer nel tint.
1557 Sn.[2]] se fait reporter.
1558 D.] just.
1559 D.] ver.
1560 Sn.[2]] Coment sigle.
1562 Sn.[2]] de sun venir.
1563 Sn.[2]] E co est tuit son pense.
1566 Sn.[2]] a lui ne vint.
1567 D.] co fait.
1568 Sn.[2] en *manque*.
1569 Sn.[2]] se dute qu'ele ne vienge.
1570 Sn.[2]] tienge. D.] ni li.
1572 Sn.[2]] Que veie senz li.
1573 Sn.[2]] pur veeir. *Cf.* *v.* 16 Str.[1].
1574 D.] ne vul.
1575 Sn.[2]] anguissus.
1577 Sn.[2]] moillier.

Mais ne li dit sun desirer
Fors de Kaherdin qui ne vent :
1580 Quant tant demure, mult se crent
Qu'il n'ait espleité sa fesance.
Oiez pituse desturbance,
Aventure mult doleruse
E a trestuz amanz pituse ;
1585 De tel desir, de tel amur
N'oïstes unc greniur dolur.
La u Tristran atent Ysolt,
E la dame venir i volt,
E pres de la rive est venue,
1590 Eissi que la terre unt veüe ;
Balt sunt e siglent leement, (Sn.[2] f° 15b)
Del sud lur salt dunques un vent,
E fert devant en mi cel tref,
Refrener fait tute la nef.
1595 Curent al lof, le sigle turnent ;
Quel talent qu'aient s'en returnent.
Li venz s'esforce e leve l'unde,
La mer se muet qui est parfunde,
Truble li tens, l'air espessist, (D. f° 11b)
1600 Levent wages, la mer nercist,
Pluet e gresille e creist li tenz,

1578 D.] desire. Sn.[2]] desirier.
1579 Sn.[2]] quil ne vient.
1580 Sn.[2]] Que tant ... crient.
1581 D.] n'at. Sn.[2]] espeite.
1583 D.] dolerure.
1584 Sn.[2]] tuiz amans piteuse.
1589 D.] Apres de la reine.
1590 Sn.[2]] E ke la terre est veue.
1592 D.] seust lur falt (salt ?) unt vent. *Cf.* Wace, *Brut*, éd. Arnold, Paris, 1938-1940. *v.* 2524 *et ss.*
1593 D.] devan.
1594 Sn.[2]] Que turner fait. *Ici encore la lectio difficilior semble préférable.* Refrener *avec le sens d'arrêter, même faire aller en arrière est du XIIe siècle* (Bloch, *dict.*).
1596 Sn.[2]] se returnent.
1599 *A partir d'ici le ms.* Sn. *est détérioré de telle façon qu'une partie de fo* 15*b est perdue, ainsi que la plus grande partie de* 15*c*.

Rumpent bolines e hobens ;
Abatent tref e vunt ridant,
Od l'unde e od le vent wacrant.
1605 Lur batel orent en mer mis,
Car pres furent de lur païs ;
A mal eür l'unt ublié :
Une wage l'ad despescé ;
Al meins ore i unt tant perdu,
1610 Li orage sunt tant creü
Qu'eskipre n'i ot tant preisez
Qu'il peüst ester sur ses pez.
Tuit i plurent et tuit se pleinent,
Pur la poür grant dolur maingnent.
1615 Dunc dít Ysolt : « Lasse ! chaitive !
Deus ne volt pas que jo tant vive
Que jo Tristran mun ami veie ;
Neié em mer volt que jo seie.
Tristran, s'a vus parlé eüsse,
1620 Ne me calsist se puis morusse.
Beals amis, quant orét ma mort,
Ben sai puis n'avrez ja confort.
De ma mort avrez tel dolur, (Sn. f° 15c)
A ce qu'avez si grant langur,
1625 Que ja puis ne purrez guarir.
En mei ne remaint le venir :
Se Deus volsist, jo venisse,
De vostre mal m'entremeïsse,

1607 Rött., *Tr. des Th., p.* 42, *a voulu remplacer dans ce vers* ublié, *qui d'après lui n'offre aucun sens, par* deslié, *correction inutile ainsi que l'explique* B., I, *p.* 406.
1608 *La rime est incomplète* ; ublier *rime tantôt en* é, *tantôt en* ié.
1611 D.] preser.
1612 D.] Q'l puest, *corr.* Misrahi.
1614 *La confusion* n *et* ñ *est ici particulièrement frappante, puisqu'on s'attendrait à* pleignent *et* mainent.
1620 D.] moruse.
1623 D.] avez. Sn.[2]] tel langur.
1624 Sn.[2]] grant dulur.
1625 D.] gaurer.
1627 D.] venise.
1628 Sn.[2]] entremesise.

Car altre dolur n'ai jo mie
1630 Fors de ço que n'avez aïe.
Ço est ma dolur e ma grevance,
E al cuer en ai grant pesance
Que vus n'avrez, amis, confort,
Quant jo muer, contre vostre mort.
1635 De la meie mort ne m'est ren :
Quant Deu la volt, jol vul ben :
Mais tres que vus, amis, l'orrez,
Jo sai ben que vus en murrez. (D. f° 11c)
De tel manere est nostre amur
1640 Ne puis senz vus sentir dolur ;
Vus ne poez senz moi murrir,
Ne jo senz vus ne puis perir.
Se jo dei em mer periller,
Dun vus estuet a tere neier :
1645 Neier ne poez pas a tere ;
Venu m'estes en la mer querre.
La vostre mort vei devant mei,
E ben sai que tost murrir dei.
Amis, jo fail a mun desir,
1650 Car en voz bras quidai murrir,

1629 D.] n'a jo.
1631 Sn.[2]] pesance.
1632 D.] en a. Sn.[2]] grevose grevance. *Quelques mots seuls sont lisibles dans cette partie de* Sneyd.
1635 D.] meie mor ne nest.
1640 D.] sen vus.
1642 D.] s'en vus ... puise.
1644 B.] Dunc vus estuet issi neier. D.] neir, *graphie pour* neier. dun *pour* dunc *se trouve*.
1646 D.] Venu mestest en. *Corr.* Loomis, *Mod. L. Rev.*, XIV, 38: Venir m'estuet en la mer querre. « *Le vers 1646 du ms., dit-il, n'offre pas de sens et est en contradiction avec le v. 1665.* » *Cependant ce dernier devient une question oratoire avec l'amendement* Loomis. *On pourrait y voir une de ces affirmations rétractées dont Tristan et Iseut sont coutumiers dans leurs débats intérieurs.* Thomas *affectait ce procédé scolastique. La faute* m'estest *s'explique, par la répétition de* s *le scribe aura été entraîné à écrire aussi un deuxième* t. *Le sens n'est pas très satisfaisant, mais la correction* Loomis *paraît un peu hardie.*

En un sarcu enseveiliz,
Mais nus l'avum ore failliz.
Uncore puet il avenir si :
Car, se jo dei neier ici,
1655 E vus, ço crei, devez neier, (Sn.[2] f° 15d)
Uns peissuns poüst nus dous mangier ;
Eissi avrum par aventure,
Bels amis, une sepulture,
Tel hum prendre le purra
1660 Ki noz cors i reconuistera,
E fra en puis si grant honur
Cume covent a nostre amur.
Ço que jo di estre ne puet,
— E ! se Deu le vult, si estuet.
1665 — En mer, amis, que querreiez ?
Ne sai que vus i feïssez.
Mais jo i sui, si i murrai ;
Senz vus, Tristran, i neerai,
Si m'est, beals dulz, suef confort
1670 Que ne savrez ja ma mort.
Avant d'ici n'ert mais oïe ;
Ne sai, amis, qui la die.
Apruef mei lungement vivrez

1651 D.] enseveilez.
1654 D.] Car io.
1655 Sn.[2]] neer.
1656 D.] peut. Sn.[2] pout]. *Graphie* peut *douteuse.* Tanquerey *ne la cite pas avant le XIV° siècle.* Hoepffner *propose* poüst, *dont en effet l'irréalité semble suffisamment motivée.*
1657 Sn.[2]] Issi.
1660 Sn.[2]] reconustra.
1661 Sn.[2]] fra i pois.
1664 Sn.[2]] Deus ... issi en tuit.
1665 Sn.[2]] querrez.
1666 D.] fessez. Sn.[2]] feisiez. *L'incertitude des copistes est, ici encore, évidente; cette forme sans doute se perdait.* Feïssiez *s'emploie souvent pour* fesissez (*cf. v.* D. 258 *et* 298, feisez).
1169 Sn.[2]] bels.
1670 Sn.[2]] vos ... pas ma mors. D.] mors, *cf. v.* 1681.
1671 Sn.[2]] Avant nire io dici oie.
1672 Sn.[2]] Ne sai am ki jal vos die Rechnitz *propose:* qui la vus die.

E ma venue atendrez.
1675 Se Deu plaist, vus poez garir :
Ço est la ren que plus desir.
Plus coveit la vostre santé (D. f° 11d)
Que d'ariver n'ai volenté,
Car vers vus ai si fine amur.
1680 Amis, dei jo aveir poür,
Puis ma mort, si vus guarissez,
Qu'en vostre vie m'ubliez,
U d'altre femme aiez confort,
Tristran, apruef la meie mort ?
1685 Amis, d'Ysolt as Blanches Mains
Certes m'en crem e dut al mains.
Ne sai se jo duter en dei, (Sn.[2] f° 16a)
Mais, se mort fussez devant mei,
Apruef vus curt terme vivreie.
1690 Certes, ne sai que faire deie,
Mais sur tute ren vus desir.
Deus nus doinst ensemble venir
Que jo, amis, guarir vus puisse,
U nus dous murrir d'une anguisse ! »

1695 Tant cum dure la turmente,
Ysolt se plaint, si se demente.
Plus de cinc jurs en mer dure
Li orages e la laidure,
Puis chet li venz e bels tens fait.

1675 Sn.[2]] purez guarir.
1681 D.] mors ... en guarissez. Sn.[2]] mor ... guarisiez.
1682 Sn.[2]] m'en ublisiez.
1683 D. confort *manque*. Sn.[2]] i aiez confort.
1684 Sn.[2]] apres la mei mort.
1686 D.] al mis. Sn.[2]] m'en dut e criem al mains.
1688 D.] moi. Sn.[2]] si mort fussiez.
1689 Sn.[2]] Apres vos. D.[2]] curterme.
1691 D.] desire.
1692 D.] emble venir.
1693 D.] gaurir ... pusse.
1694 D.] dun anguisse. Sn.[2]] U nos duinst murrir dune aguisse.
1696 Sn.[2]] si demente.
1697 Sn.[2]] lur dure.

1700 Le blanc sigle unt amunt trait,
E siglent a mult grant espleit,
Que Kaherdin Bretaine veit.
Dunc sunt joius e lé e balt,
E traient le sigle ben halt,
1705 Que hum se puise aparcever
Quel ço seit, le blanc u le neir :
De lung volt mustrer la colur,
Car ço fud al derein jur
Que Tristran lur aveit mis
1710 Quant il turnerent del païs.
A ço qu'il siglent leement,
Lievet li chalz e chet li vent
Eissi qu'il ne poent sigler.
Mult suef e pleine est la mer.
1715 Ne ça ne la lur nef ne vait
Fors itant cum l'unde la trait, (D. f° 12a)
Ne lur batel n'unt il mie :
Or i est grant l'anguserie.
Devant eus pres veient la terre, (Sn.² f° 16b)
1720 N'unt vent dunt la puisent requerre.
Amunt, aval vunt dunc wacrant
Ore arere e puis avant.

1700 D.] gigle.
1701 D.] a munt ; *cf.* amunt *dans le vers précédent.*
1705 Sn.²] Cum se puisse aperceveir.
1706 D.] se seit. *Dans* Sn.² seit *manque.*
1707 Sn.²] luin.
1708 Sn.²] derain jor.
1709 Sn.²] danz Tr. D.] aveir.
1711 Sn.²] A ico ... liement.
1712 D.] Leve li chlaz e fait le vent. *La leçon* Sn. *s'impose, malgré l'incorrection dans le substantif, où la déclinaison est sacrifiée à la rime.* (t *et* z *sont séparés dans le texte*).
1713 Sn.²] porent.
1714 Sn.²] sueve.
1716 Sn.²] Fors tant.
1718 Sn.² i *manque.*
1720 Sn.²] conquerre.
1721 Sn.² dunc *manque.*
1722 Sn.²] Ore arire e ore avant.

Ne poent lur eire avancer,
Mult lur avent grant encumbrer.
1725 Ysolt en est mult ennuiee :
La terre veit qu'ad coveitee,
E si n'i pot mie avenir ;
A poi ne muert de sun desir.
Terre desirent en la nef,
1730 Mais il lur vente trop suef.
Sovent se claime Ysolt chative.
La nef desirent a la rive :
Uncore ne la virent pas.
Tristrans en est dolenz e las,
1735 Sovent se plaint, sovent suspire
Pur Ysolt que tant desire,
Plure des oils, sun cors detuert,
A poi que del desir ne muert.
En cel anguisse, en cel ennui
1740 Vent sa femme Ysolt devant lui.
Purpensée de grant engin,
Dit : « Amis, ore vent Kaherdin.
Sa nef ai veüe en la mer,
A grant peine l'ai veü sigler ;
1745 Nequedent jo l'ai si veüe
Que pur la sue l'ai coneüe.
Deus duinst que tel novele aport
Dunt vus al quer aiez confort ! »
Tristran tresalt de la novele,

1723 Sn.[2]] avancier.
1725 D. en *manque*.
1728 D.] muer. Sn.[2]] murt a sun desir.
1731 Sn.[2]] Ysolt se claime sovent.
1737 D.] de oils. Sn.[2]] detort.
1738 D.] que delsir. Sn.[2]] del desir n'est mort.
1739 D., Sn.[2]] cel anguisse.
1740 Sn.[2]] Ysolt sa femme a lui.
1741 D.] Purpense de.
1742 Sn.[2]] Ami.
1744 Sn.[2]] paine la vei sigler.
1745 Sn.[2]] si lai issi veue.
1747 D.] novel.
1748 Sn.[2]] Que vos.

1750 Dit a Ysolt : « Amie bele,
Savez pur veir que c'est sa nef ? (Sn.[2] f° 16c)
Or me dites quel est le tref. »
Ço dit Ysolt : « Jol sai pur veir.
Sachez que le sigle est tut neir.
1755 Trait l'unt amunt e levé halt (D. f° 12b)
Pur ço que li venz lur falt. »
Dunt a Tristran si grant dolur
Unques n'out, n'avrad maür,
E turne sei vers la parei,
1760 Dunc dit : « Deus salt Ysolt e mei !
Quant a moi ne volez venir,
Pur vostre amur m'estuet murrir.
Jo ne puis plus tenir ma vie ;
Pur vus muer, Ysolt, bele amie.
1765 N'avez pité de ma langur,
Mais de ma mort avrez dolur.
Ço m'est, amie, grant confort
Que pité avrez de ma mort. »
« Amie Ysolt » treis feiz dit,
1770 A la quarte rent l'esprit.

Idunc plurent par la maisun
Li chevaler, li compaingnun.
Li criz est halt, la pleinte grant.
Saillient chevaler e serjant
1775 E portent li hors de sun lit,

1752 Sn.[2]] Ore mei.
1757 Sn.[2]] Dunc *ou* Dunt.
1758 D.] nod navrad. Sn.[2]] nout navra.
1759 D.] parele, *le scribe écrit fréquemment* parei, *ici cette forme s'impose pour la rime.*
1762 Sn.[2]] estuit.
1764 Sn.[2]] muerc.
1769 D.] trei, *lapsus, généralement il met* s *final.*] fez.
1770 D.] le spirt. Sn.[2]] espirit.
1771 Sn.[2]] nunc.
1772 Sn.[2]] cumpaingnuns.
1773 D.] hal.
1775 Sn.[2]] portent le cors de.

Puis le cuchent sur un samit,
Covrent le d'un palie roié.
Li venz est en la mer levé
E fert sei en mi liu del tref,
1780 A terre fait venir la nef.
Ysolt est de la nef issue,
Ot les granz plaintes en la rue,
Les seinz as musters, as chapeles ; (Sn.^{2} f° 16d)
Demande as humes quels noveles,
1785 Pur quei il funt tel soneïz,
E de quei seit li plureïz.
Uns anciens dunc li dit :
« Bele dame, si Deu m'aït,
Nus avum issi grant dolur
1790 Que unques genz n'orent maür.
Tristran, li pruz, li francs, est mort :
A tut ceus del rengne ert confort.
Larges estoit as bosungnus,
E grant aïe as dolerus. (D. f° 12c)
1795 D'une plaie que sun cors ut
En sun lit ore endreit murut.
Unques si grant chaitivesun
N'avint a ceste regiun. »

1776 D.] chuchent. Sn.^{2}] culchent en un.
1777 D.] plaie. Sn.^{2}] roe.
1779 Sn.^{2}] lieu.
1781 Sn.^{2}] eissue.
1783 Sn.^{2}] mustirs ... capeles.
1784 D.] novels. *Bien que la forme du masc. ait existé* (G° *exemple encore au XV° s.*), *nous préférons le féminin* (Sn.^{2}) *pour la rime.*
1790 Sn.^{2}] Que *manque.*
1792 Sn.^{2}] A tuiz ces del regne irt confort. D.] ert desconfort.
1793 *rem. forme masc. pour* larc.
1794 D.] A grant.
1795 Sn.^{2}] que al cors out.
1796 D.] murrit.
1797 Sn.^{2}] chaitivement.
1798 Sn.^{2}] a ceste povre gent.

Tresque Ysolt la novele ot,
1800 De dolur ne puet suner un mot.
De sa mort ert si adolee
La rue vait desafublee
Devant les altres el palés.
Bretun ne virent unques mes
1805 Femme de la sue bealté :
Mervellent sei par la cité
Dunt ele vent, ki ele seit.
Ysolt vait la ou le cors veit,
Si se turne vers orient,
1810 Pur lui prie pitusement :
« Amis Tristran, quant mort vus vei,
Par raisun vivre puis ne dei.
Mort estes pur la meie amur, (Sn.[2] f° 17a)
E jo muer, amis, de tendrur,
1815 Quant a tens ne poi venir

1799 Sn.[2]] sout.
1800 Sn.[2]] De duel.
1801 Sn.[2]] est si adulee.
1802 D.] desflublee. Sn.[2]] Vait par la rue.
1803 Sn.[2]] al palais.
1804 Sn.[2]] Bretuns.
1805 D.] del la.
1807 Sn.[2]] Dunt ele vent e dunt seit.
1808 Sn.[2]] Y. vait u le cors veit.
1812 *Ici* Sn.[2] *intercale deux vers:*
Mort estes pur l'amur de mei.
Par raisun vivre puis ne dei.
Il semble très probable que cette intercalation s'explique par une méprise dans la transcription.
1813 D.] mei; *corr.* B. Sn.[2]] Mort est.
1814 Sn.[2]] par tendrur.
1815 Sn.[2]] Que jo a tens ni poi. D. *se termine par ces trois vers:*
Dejuste lui va dunc gesir
Embrace le e si s'estent
Sun espirit a itant rendit (*sic*).
Dans les deux derniers vers nous reconnaissons les v. 812 *et* 813 *de* Sn.[2] *où la rime* estent: rent *est rétablie.*

FIN DU POÈME

FRAGMENT SNEYD[2]

Vos e vostre mal guarir.
Amis, amis, pur vostre mort
785 N'avrai jamais de rien confort,
Joie, ne hait, ne nul deduit.
Icil orages seit destruit
Que tant me fist, amis, en mer,
Que n'i poi venir, demurer !
790 Se jo fuisse a tens venue,
Vie vos oüse, amis, rendue,
E parlé dulcement a vos
De l'amur qu'ad esté entre nos ;
Plainte oüse la mei aventure,
795 Nostre joie, nostre emveisure,
La paine e la grant dolur
Qu'ad esté en nostre amur,
E oüse iço recordé
E vos baisié e acolé.
800 Se jo ne poisse vos guarir,
Qu'ensemble poissum dunc murrir !
Quant a tens venir n'i poi
E jo l'aventure n'oi,

---

791 Sn.[2]] Vis eusse ; *corr.* B. *qui supprime* amis.
794 *Incertitude de genre pour mots commençant par une voyelle.* B.] eüsse nostre aventure, *correction heureuse pour le sens, mais non indispensable.*
803 B.] ne soi ; *nous préférons* oi ; *bien que le sens : ce que je souhaitais qui arrivât, je ne l'ai pas eu (obtenu), soit moins satisfaisant.*

E venue sui a la mort,
805 De meisme le beivre avrai confort.
Pur mei avez perdu la vie,
E jo frai cum veraie amie :
Pur vos voil murir ensement. »
Embrace le, si s'estent,
810 Baise la buche e la face
E molt estreit a li l'enbrace,
Cors a cors, buche a buche estent, (Sn.[2] f° 17b)
Sun espirit a itant rent,
E murt dejuste lui issi
815 Pur la dolur de sun ami.
Tristrans murut pur sue amur,
Ysolt, qu'a tens n'i pout venir.
Tristrans murut pur sue amur,
E la bele Ysolt par tendrur.

820 Tumas fine ci sun escrit :
A tuz amanz saluz i dit,
As pensis e as amerus,
As emvius, as desirus,
As enveisiez e as purvers,
825 [A tuz cels] ki orunt ces vers.
[S]i dit n'ai a tuz lor voleir,
[Le] milz ai dit a mun poeir,
[E dit ai] tute la verur,

---

806 Sn.[2]] De meismes le bevre. *Nous interprétons: je boirai avec vous la même coupe (le beivre) de la mort. Il serait préférable de lire* del meisme beivre (Hoepffner). *A moins qu'on n'y voie une construction comme p. ex.* en sum le mont, de meisme le beivre, *dans ce cas* meisme *pourrait se trouver devant le substantif.*
807 Sn.[2]] verai.
809 B.] le e si (*d'après v.* 1817 D.).
810 Sn.[2]] Baisse.
816 Sn.[2]] Tristrant.
818 Sn.[2]] su
825 *Les premier mots des v. 825-829 manquent (trou du ms.).*
826 *Conjecture* Fr. M.].
828 Vetter *a lu* dit ai, *aujourd'hui ce n'est plus possible.*

[Si cum] jo pramis al primur.
830 E diz e vers i ai retrait :
Pur essample issi ai fait
Pur l'estorie embelir,
Que as amanz deive plaisir,
E que par lieus poissent troveir
835 Choses u se puissent recorder :
Aveir em poissent grant confort,
Encuntre change, encontre tort,
Encuntre paine, encuntre dolur,
Encuntre tuiz engins d'amur !

---

829 *Ce vers nous ramène à un début perdu.*

GLOSSAIRE

A prépos., combiné avec le, art. sing. AL Sn.[1] 103, 375 etc. AU, C. 8, 21 ; combiné avec les, art. pl. AS, Sn.[1] 379, 380 etc. ; indique outre le datif, la direction : Sn.[1] 63, D. 1376 etc. ; indique la possession : Sn.[1] 174, a le sens d'avec : T.[1] 173, 762 ; suivi d'un subst., indique l'état A GRANT HONOR, Sn.[1] 862 ; A DESLEE D. 304 ; indique la manière : A TEL DOLOR, C. 42 ; A CELEE, D. 349, indique le moment T.[1] 214 ; A CE =sur ce, Str.[1] 49 ; A CE QUE = *outre que,* D. 1624 ; A ÇO QUE D. 1711 = *tandis que* ; A VOSTRE VIE = de votre vie, D. 268 ; compainun A ENVIE, Sn.[1] 762, le subst. précédé de A a la valeur attributive.

AATIE, Sn.[1]. 382, *défi, bravade, gageure.*

ABAISSIER, *baisser les pieds* (en parlant du cheval) ; pris substantivement AL ABAISSER, T.[1] 214.

ABIT, s.m. D. 503, *habillement.*

ACAISUN, voy Achaisun.

ACHAISUN, s.f. D. 1404, *difficulté* ; Sn.[1] 561, D. 649, *occasion, cause, motif, prétexte* ; ACHEISUN, D. 28, 126 ; ACHOISON, T.[1] 240 ; ACAISUN, Sn.[1] 557.

ACOINTER, Sn.[1] 556, *lier connaissance avec* ; parf. ACUINTAI, D. 100 ; réfl. Sn.[1] 551.

ACOLER, *embrasser* ; ind. pr. ACOLE, Sn.[1] 365, D. 1356 ; pris substantivement T.[1] 140.

ACORDEMENT, s.m. D. 718, 822, *accord, réconciliation.*

ACORDER, Sn.[1] 116 ; act. et réfl. ; ind. pr. ACORDE Sn.[1] 792.

ACOSTEMIER, voy Acostomer.

ACOSTOMER, adj. Sn.[1] 239, *coutumier.*

ACUINTER, voy Acointer.

ACREISTRE, *accroître* ; ind. pr. ACREIST, Sn.[1] 300.

ACUN, voy Alcun.

ADOLER, *s'affliger* ;parf. p. f. ADOLÉE D. 1801.
AFERIR, *convenir, appartenir* ; ind. pr. AFIRT, Sn.[1] 100, 375 ; subj. pr. AFIRGE, Sn.[1] 196, D. 1335.
AFIÇAIL, s.m. D. 1411, *agrafe.*
AFIER, *affirmer, assurer* ; réfl. futur, m'AFIERAI, T.[1] 241, *se confier.*
AFOLER, *blesser, tuer* ; pf. AFOLAT, Sn.[1] 669 ; part. p. AFOLÉ, D. 858.
AGAITIER, voy Aguaitier.
AGREMENT, adv. D. 1038, *impétueusement.*
AGUAIT, s.m. D. 379, 454, *aguet, guet.*
AGUAITIER, *regarder attentivement, guetter* ; AGUAITER, D. 450, 1020 ; part. p. pl. AGAITIEZ, C. 19.
AHAN, s.m. D. 752, 769, *effort, labeur, fatigue, tourment.*
AÏE, s.f., D. 606, 1074, etc., *aide.*
AIGUE, s.f. T.[1] 252, *eau.*
AINS, adv. *jusqu'à maintenant, auparavant* ; AINZ QUE, Sn.[1] 736, EINZ QUE, D. 1320, 1321, *avant que* : AINZ, Str.[1] 47. EINZ, D. 168, *mais* ; prép. EINZ, D. 620, *avant.*
AISE, s.f., D. 365, 375, 433, 1347, *bien-être, commodité.*
AISIER, part. p. fém. AISIE, D. 1381, *à l'aise,* aussi : *agréable.*
AL, voy A.
ALCON, voy Alcun.
ALCUN, D. 541, *quelque* ; ACUN, Sn.[1] 86, T.[1] 10, D. 1147 ; ALCON Sn.[1] 840. ALCON, Sn.[1] 824, *quelqu'un.*
ALIER, *associer* ; ind. pr. ALIE, Sn.[1] 539.
ALO, s.m. Sn.[1] 796, *aleu, bien pris à bail.*
ALONGIER, *prolonger* ; ind. pr. ALONJE Str.[1] 5.
ALTRETANT, adv., D. 940, *autant.*
ALTRETEL, adj., Sn.[1] 361, *tel, pareil,* neutre, *la même chose, autant.*
ALTRUI, pron. indéf. Sn.[1] 849 ; AUTRUI T.[1] 24 ; pris substantivement L'ALTRUI Sn.[1] 260, 262 : *le bien d'autrui.*
AMDUI, numér. ANDUI, Sn.[1] 473, D. 112, AMDUI, T.[1] 186, D. 825, AMDEUS, D. 824, ANDUIS, Sn.[1] 464, 748, *tous deux,* AMBEDUIS Sn.[1] 708.
AMENDEMENT, s.m., D. 201, *amélioration.*

AMERUS, adj. T.[1] 233, Str.[1] 58, D. 439, *amoureux* ; pris substantivement Sn.[2] 822.
AMESURER, D. 1331, *mesurer*.
AMISTE, s.f., Sn.[1] 52, D. 205, 419, etc. *amitié*.
AMUNT, adv. D. 1306, 1367, etc. *en amont*.
AMUNTER, *s'élever, valoir* ; ind. pr. AMUNTE, D. 194 ; neutre : n'i AMUNTE, Str.[1] 6, *ne s'y rapporte pas, ne le concerne pas*.
ANCEIS, adv. D. 357, *plus tôt* ; ENÇEIS... que, Sn.[1] 712, plutôt... que.
ANCIEN, pris substantivement D. 1787 = *quelqu'un de l'ancien temps*.
ANDUI, voy Amdui.
ANGUISSE, s.f. Sn.[1] 183, 339, D. 1694, 1759, etc. *angoisse* ; ANGOISSE T.[1] 145 ; ANGUISE, D. 745, 1055 ; ANGUICE, D. 117.
ANGUISSUS, adj., Sn.[1] 747, *pénible, plein d'angoisse* ; ANGUSSUS, D. 1575.
ANGUISSUSEMENT, adv. Sn.[1] 635, *de manière angoissante*.
ANGUSERIE, s.f., D. 1718, *angoisse*.
ANGUSSES, voy ANGUISSUS.
ANOIT, adv. Sn.[1] 632, *cette nuit*.
ANZ, voy Enz.
AOVERIR, T.[1] 211, *ouvrir*.
APARAILER, D. 274, D. 1057, *arranger, préparer, disposer, garnir* ; réfl. ind. pr. S'APAREILLE, D. 511, 516.
APARAILLEMENT, s.m. Sn.[1] 372, *préparatifs*.
APARER, Sn.[1] 286, *préparer*.
APENDRE, *convenir à* ; ind. pr. APENT, Sn.[1] 688.
APERT, *en apert*, D. 92, *ouvertement*.
APRES, adv. T.[1] 243, D. 318, etc. ; ENAPRES, D. 576, *après coup, plus tard* ; prép. Str.[1] 50, 797, etc.
APRISER, D. 57, *priser*.
APRUEF, adv. D. 772 ; *après* ; prép. D. 807, 1673.
ARBROIER, réfl. *se cabrer* ; ind. pr. ARBROIE, T.[1] 207.
ARDOIR, C. 13, 23, *brûler* ; subj. pr. ARDE, D. 330.
ARERE, adv. D. 1722, *en arrière*.
ARIVER, D. 1678, *toucher à la rive*.

AS, voy A.

ASENTIR, Sn.[1] 612, *consentir* ; ind. pr. ASENT, Sn.[1] 613.

ASEOR, loc. adv. C. 2, *en sûreté.*

ASEZ, adv. Sn.[1] 643, 831, D. 403, 845, *pleinement, entièrement, beaucoup.*

ASSAIER, Sn.[1] 159, 172, 187, 209, *essayer* ; ASAIER, T.[1] 141.

ASSEMBLER, Sn.[1] 431, *s'unir (dans l'acte de chair)* ; pris substantivement l'ASSEMBLER, Sn.[1] 175.

ASTENIR, Sn.[1] 616, *s'abstenir* ; ind. pr. ASTIENC, Sn.[1] 518, ASTINC, Sn.[1] 525, ASTIENT, Sn.[1] 524 ; inf. employé substantivement Sn.[1] 520, 532, etc.

ASTRIER, s.m. Sn.[1] 839, (G°) *espèce de parvis, lieu où l'on rendait la justice.* Ici peut-être *âtre.*

ATANT, adv., Str.[1] 39, D. 343, *alors.*

ATEMPRER, D. 1332, *modérer.*

ATRAIRE, *attirer* ; part. p. ATRAIT, Sn.[1] 545.

ATUR, s.m. D. 502, 503, *atour, toilette, ce qui sert à s'équiper, ornement.*

ATURNER, act. et réfl., *arranger, disposer, tourner à, habiller* ; D. 143, *rejeter sur* ; pris substantivement, del liz ATURNER, Str.[1] 42.

AUQUES, adv. T.[1] 118, *un peu.*

AUS, pron. pers. plur. T.[1] 74, 145, *eux* ; nom. C. 7.

AÜSER, Sn.[1] 248, act. et réfl. *accoutumer* ; part. p.f. AUSÉE, D. 240.

AVANCEMENT, s.m. D. 465, *avantage.*

AVANCER, v. actif, D. 1723 *avantager, avancer.*

AVANT, prép. suivi de de, (voy DE), Sn.[1] 627, adv. *en avant,* T.[1] 213, D. 903 ; AVANT conter Sn.[1] 843 = *raconter plus loin, répandre,* jo ne la dei amer AVANT Sn.[1] 155 = *à partir de maintenant* ; AVANT d'icest que, D. 1270 = *au delà de ceci* ; AVANT d'ici, M. 1671 = *au delà d'ici* ; AVANT d'iloc, D. 1386 = *au delà*

AVEIR, subst. m. D. 1401, 1430, *bien, avoir* ; pl. AVERS, D. 1410.

AVENIR, Sn.[1] 42, 152, D. 392, 1653, *advenir, arriver* ; D. 1727 = *parvenir.*

AVENTURE, D. 589, *ce qui advient, le sort* ; par AVENTURE, D. 1657, *par hasard.*

AVILER, *avilir* ; part. p.f. AVILEE, D. 181, 202.

AVIS (= à vis), m'est avis Sn.[1] 37, 317, D. 356, 428, 988, *il me semble.*

AVOC, prép. Sn.[1] 415, 495, *avec.*

BACHELERIE, s.f. D. 1309, *groupe de jeunes hommes nobles, qui aspirent à devenir chevaliers.*

BALDUR, s.f. D. 618, 1384, *allégresse.*

BALT, adj. D. 1591, 1703, *joyeux.*

BANDON, s.m. Ysolt rest al rai A BANDON, T.[1] 157 = *Yseut est au pouvoir du roi.*

BARNAGE, s.m. D. 44, *noblesse.*

BARON, s.m., BARUN, D. 473, 690, *seigneur féodal.*

BATEL, s.m. D. 1375, 1523, 1605, 1717, *bateau, canot.*

BEAS, voy, bel.

BEIVRE, D. 656, *boire* ; pf. BEUMES, D. 1221 ; part. p. BEU, D. 1226.

BEIVRE, s.m. D. 1221, 1223, Sn.[2] 805, *breuvage.*

BEL, *beau* ; BEAS, D. 916, 1123, *beaux* ; AL PLUS BEL, D. 469, *à la meilleure occasion* ; QUANQUES LI EST BEL, D. 946, *tout ce qui lui est avantageux, ce qui lui plaît.*

BELTÉ, s.f. Sn.[1] 99, 198, 199, etc., *beauté* ; BEALTÉ, D. 754, 1805.

BERNIER, Str.[1] 28, *valet de chiens, rabatteur.*

BESUIGNUS, adj., D. 544, *besogneux,* pris substantivement : BOSUNGNUS, D. 1793.

BESUINGN, voy Busuing.

BLECER, *blesser* ; part. p. m. sujet BLECÉ, Sn.[1] 750.

BLESTANGIER, *injurier* ; ind. pr. BLESTANGE, T.[1] 20.

BLIALT, s.m. Sn.[1] 389, 391, *longue tunique qu'on portait par-dessus la chemise.*

BOEN, voy Buen.

BOLINE, s.f., BOLINES D. 1602, *bouline.*

BOSING, voy Busuing.

BRACHET, s.m. Str.[1] 26, *petit du braque.*

BRANT, s.m. D. 49, *épée.*

BREFMENT, adv. D. 1114, *en peu de temps.*
BRICUN, adj. D. 565, *fripon, fou.*
BRUIL, s.m. D. 1023, *fourré, petit bois.*
BRUILLET, D. 1030, *diminutif de bruil.*
BRUINE, s.f. D. 760, 782, *justaucorps de cuir, corselet, porté sur la peau, en honneur auprès des ascètes du temps.*
BUEN, s.m. Sn.[1] 16, 19, etc. *volonté, bon plaisir* ; VOZ BONS, D. 284, SES BONS, D. 393, *caprices.*
BUSÙING, s.m. D. 924, 1256, *besoin* ; BESUINGN, D. 1259, BUSING, D. 1442, BOSING, D. 1514.
BUSUINIE, s.f. D. 967, 975, *affaire.*
BUTER, *pousser.*

ÇA, adv. DEÇA, Sn.[1] 629, *par ici,* NE ÇA NE LA, D. 1715, *ni par ici ni par là.*
CAITIF, voy Chaitif.
CALEIR, voy Chaleir.
CANGE, voy Change.
CAR, conj. KER, Str.[1] 3, C. 18, D. 668, devant expression impérative, *donc.*
CASTIER, D. 270, *corriger, réprimander* ; subj. imp. CASTIAST, D. 290.
CATIF, voy Chaitif.
CEL, s.m. D. 585, 950, *ciel.*
CEL, pron. dém. C. 10, T.[1] 195, etc.
CELEE, s.f., *action de cacher* ; A CELEE, D. 349, 1518, *en cachette.*
CELER, D. 356, 1314, SELER, D. 419, 682, *cacher.*
CELESTRE, adj. Sn.[1] 49, *céleste.*
CEMBEL, s.m. *joûte, combat* ; CEMBELS, Sn.[1] 379, CEMBEALS, D. 803, 818.
CERT, adj. D. 262, *certain, sûr.*
CHAENZ, adv. Sn.[1] 835, *ici dedans, dans.*
CHACEUR, s.m. Str.[1] 30, *chasseur.*
CHACHER, voy Chacier.
CHACIER, chasser ; CHACER, D. 889, 901.
CHAITIF, adj. CAITIVE, D. 58, 82, *malheureux.*
CHAITIVESUN, s.f. D. 1797, *malheur.*
CHALEIR, impers. *se préoccuper, se soucier.*

CHALON, s.m. T.[1] 209, *étoffe.*

CHALT, s.m. D. 1712, *chaleur.*

CHAMBERLEN, s.m. D. 1406, *chambellan.*

CHAMBERRERE, s.f. Str.[1] 40, *chambrière.*

CHANGABLE, adj. Sn.[1] 236, *muable.*

CHANGE, s.m. Sn.[1] 281, T.[1] 31, Sn.[2] 837 *changement* ; CANGE, Sn.[1] 50 ; CURRE AL CHANGE, Sn.[1] 63, T.[1] 165, *être infidèle en amour.*

CHANUINE, s.m. D. 1102, *chanoine.*

CHAR, s.f. D. 705, 760, *chair.*

CHASCUNS, voy Chescun.

CHASNE, s.m. Str.[1] 21, *chêne.*

CHEEIR, tomber ; ind. pr. CHIET, Sn.[1] 231.

CHERE, s.f. T.[1] 37, *visage.*

CHESCUN, pron. indéf. D. 845, CHASCHUNS, D. 1324 ; adj. CHACUN, D. 1338, *chaque.*

CHEVALERIE, s.f. D. 893, *qualités chevaleresques, prouesses dignes d'un chevalier.*

CHIEF, s.m., CHIES, Str.[1] 43, *tête.*

CHIMIN, s.m. D. 829, 918, *chemin.*

CHIVALIER, *chevalier.*

CHOLCHER, voy Colcher.

CHULCHER, voy Colcher.

CLAMER, T.[1] 115, *déclarer, proclamer, reconnaître* ; ind. pr. CLAIM Sn.[1] 21.

CLORE, part. p. DE SUN ESCU CLOS, D. 914, *protégé par son écu, dont le chevalier s'approche le plus possible.*

COER, voy Cuer.

COILVERTISE, voy Colvertise.

COLCHER, neutre et réfl. *coucher* ; CUCHER, D. 655, CULCHIER Sn.[1] 488, 513 ; ind. pr. CHUL, Sn.[1] 495, COLCHE, Sn.[1] 590, CUCHENT, D. 1776 ; imp. CULCHOT, D. 762 ; part. p. CHULCHIÉ Sn.[1] 504 ; inf. pris substantivement, Sn.[1] 505.

COLVERTISE, s.f. Sn.[1] 138, 143, 241, *vilenie, action ou conduite d'un homme de basse condition* ; COILVERTISE, Sn.[1] 146, 148.

COMENT QUE, Sn.[1] 487, D. 174, *de quelque manière que.*

COMMANDER, *recommander* ; ind. pr. COMMANT, D. 475, CUMAUND D. 497.

COMOVEIR, *pousser à* ; ind. pr. COMUET, D. 1366.

CONFORT, s.m. C. 46, D. 105, 673, etc., *réconfort.*

CONGEIER, *congédier, bannir, chasser,* D. 1231.

CONISANCE, s.f. D. 912, *connaissance* (terme de blason), *figure peinte sur l'écu et qui servait à faire reconnaître le chevalier.*

CONQUERRE, D. 788, 1174, 1402, *chercher, conquérir.*

CONSEIL, s.m. Sn.[1] 625, D. 184, 190, etc., *délibération, avis, projet, sentiment* ; CUNSEIL, D. 1098, PAR CONSEIL, Sn.[1] 344, D. 1130, *après mûre réflexion.*

CONSEILLER, D. 189, *conseiller* ; réfl. D. 371, 1153, *prendre conseil* ; part p. CONSEILÉ, D. 308 ; pour le mal Tristan CONSEILLER, *pour donner conseil, pour délibérer au sujet du mal de Tr.* ; infin. pris substantivement, D. 474.

CONSENCE, s.f. D. 309, *assentiment.*

CONSENTIR, *permettre* ; ind. pr. CONSENT, D. 259.

CONSIRER, Sn.[1] 14, 40, *éviter* ; CONSIRRER, T.[1] 11, *s'abstenir, se priver* réfl.

CONTENIR, réfl. *se comporter, se conduire* ; ind. pr. CONTIENT, T.[1] 51.

CONTRAIRE, s.m. Sn.[1] 339, 593, D. 131, *opposition, affliction, mal* ; Sis poers lui est A CONTRAIRE, Sn.[1] 399, *son pouvoir s'oppose à ce que* ; Hiceste est a Marques A CONTRAIRE, T.[1] 133, *celle-ci est dans une position opposée à celle de Marc.*

CONTRE, *contre, vers* ; prép. Sn.[1] 161, 493, D. 974, etc., CUNTRE, Sn.[1] 296, 321, etc. Sn.[1] 386, Sn.[1] 493, *vers le moment où*(?).

COP, s.m. T.[1] 210, *coup.*

CORAGE, s.m. Sn.[1] 24, 266, 312. T.[1] 15, 46, etc. *cœur, pensée intime, sentiment.*

CORÇUSE, adj. fém. Sn.[1] 496, *courroucée, affligée.*

COROCEIR, Sn.[1] 840, *courroucer, mettre en colère.*

CORRUSCER, voy Coroceir.

CORT, s.f. Sn.[1] 798, *cour.*

CORTEIER, Sn.[1] 803, *fréquenter la cour.*

CORTEIS, adj. Sn.[1] 812, *courtois.*
CORUCER, voy Coroceir.
CORUZ, voy Curuz.
COSTEIER, *côtoyer* ; gér. COSTEIANT, D. 1533.
COSTOMIER, adj. Sn.[1] 249, *coutumier.*
COVAITER, T.[1] 177, *convoiter.*
COVEITIER, voy Covaiter.
COVENANCE, s.f. Sn.[1] 407, 455, T.[1] 39, D. 1243, *convention.*
COVENANT, s.m. D. 1473, *accord, promesse, convention.*
COVENIR, *convenir, falloir* ; Ore vus COVENT ben, D. 467 ; *cela vous concerne désormais* ; impér. réfl. CUNVEINIEZ vus en, D. 476 *que cela vous concerne.*
COVRIR, Sn.[1] 618, 626, D. 509, *couvrir, cacher* ; COVRER, D. 678, etc.
CREIRE, *croire* ; CRAIRE T.[1] 8.
CREISTRE, *croître* ; ind. pr. CREIST D. 1601 ; part. p. CREU D. 1610.
CREMBRE, *craindre* ; ind. pr. CREM, D. 1686.
CRI, s.m. T.[1] 224, *cri,* D. 1034, 1773, *rumeur.*
CRIME, s.f. Sn.[1] 714, *crainte, effroi, terreur.*
CROS, s.m. T.[1] 215, 219, *creux, fossé.*
CRUELEMENT, adv. D. 301, 1348, *cruellement.*
CUARD, adj. D. 53, 156 *couard* ; subst. m. D. 63.
CUCHER, voy Colcher.
CUER, s.m. C. 39, Sn.[1] 59, 264, T.[1] 99, etc., *cœur.*
CUI, pron. rel. rég. ton. Sn.[1] 734, T.[1] 49, D. 855.
CUIDIER, voy QUIDIER.
CUINTEMENT, adv. D. 1519, *prudemment, habilement.*
CUINTISE, s.f. D. 417, 564, *habileté.*
CUISTRUN, Str.[1] 28, *valet de cuisine.*
CULCHER, voy Colcher.
CUM, adv. Sn.[1] 3, 122, 123, etc. *comme, comment.*
CUNS, voy Cunte.
CUNTE, s.m. *comte* ; CUNS, nom. s. Sn.[1] 786, 796.
CUNTE, s.m. Str.[5], D. 835, 842, 849, 879, *récit.*
CUNTRAIRE, adj. D. 754, *opposé.*
CUPE, s.f. D. 1397, *coupe.*
CURAGE, voy Corage.

CURLIU, s.m. Str.[1] 27, *courrier, messager.*
CURUCER, voy Corucer.
CURUZ, s.f. D. 70, 101, etc. *courroux.*
CUSTRE, Str.[1] 43, *coudre.*
CUMVENIR, voy Covenir.

DAMAGE, s.m. D. 68, 228, 1405, *dommage.*
DAME, s.f. 31, 35, etc. *madame, maîtresse.*
DAMEISEL, s.m. Str.[1] 51, *jeune gentilhomme, qui n'est pas encore reçu chevalier.*
DAMEISELE, s.f. Str.[1] 54, *jeune fille.*
DAMISELE, voy Dameisele.
DAN, s.m. Sn.[1] 783, 866, T.[1] 110, 152, D. 1392, *titre employé devant le nom d'une personne qu'on voulait honorer (seigneur).*
DANRÉ, D. 1311, *mercerie.*
DANTEURE, D. 247, *période où l'on dompte un animal.*
DE, préposition, C. 25, 30, etc. ; Sn.[1] 12, 29, etc. ; emploi partitif, C. 11, Sn.[1] 740, etc. ; T.[1] 44, D. 1585 ; *au sujet de* ; D. 1485 : *en guise de* ; employé après AVANT Sn.[1] 627, D. 1270, 1386, *jusqu'à ce que* ; employé après AUTRE T.[1] 77. D. 1248 ; employé après PLUS Sn.[1] 544, T.[1] 155, D. 325 ; employé après comparatif, MEILLUR DEL, Sn.[1] 269, PIRE DE D. 145 ; DE SI (LA) QUE, D. 781, 784.
DEBOTER, voy Debutter.
DEBUTTER, D. 587, *repousser, chasser.*
DECEVANCE, s.f. D. 323, 681, *tromperie.*
DECEVRE, Sn.[1] 8, 463, D. 1433, *décevoir, tromper.*
DECHAEIR, *choir* ; part. p. nom. m.s. DECHAET, D. 597.
DECOIVERE, voy Decevre.
DEDUIRE, D. 797, réfl. *se divertir.*
DEDUIT, s.m. Sn.[1] 9, 15, 19, T.[1] 74, 138, D. 619, etc., *plaisir, divertissement.*
DE FORS, prép. Str.[1] 19, *hors de.*
DEGRÉ, s.m., D. 598, 626, 647, *escalier.*
DEHAIT, D. 30, 771, *chagrin, douleur* ; *malheur, damnation* ; employé avec le subj. d'avoir, comme terme de malédiction contre les personnes et les choses (maudit soit...)
DEHÉ, D. 302.

DEHAITÉ, adj. D. 739, *affligé, découragé* ; m. nom. s. DESHAITEZ D. 779.

DEHÉ, voy DEHAIT.

DEI, s.m. Sn.[1] 392, 405, D. 558, 1417, *doigt.*

DEIVE, Sn.[1] 617, comment DEIVE, locution où DEIVE a peut-être un sens absolu (cf. QUE DEIT, *pourquoi, à quoi tient*), *donc comment se comporter.* Voir aussi Deveir.

DEJUSTE, prép., D. 1111, *près de* ; Sn.[2] *à côté de.*

DELIT, s.m. Sn.[1] 12, 23, 108, etc., *plaisir, joie.*

DELITER, Sn.[1] 103, 105, T.[1] 98, etc. DELITIER, Sn.[1] 188, 207, etc., réfl. *trouver son plaisir.*

DELITUS, adj. Str.[1] 57, *délicieux.*

DÉLIVRER, Sn.[1] 160, 217, 303, etc. *délivrer* ; D. 1096, *vider, débarrasser.*

DELURUS, voy Dolerus.

DEMAIN, s.m. Sn.[1] 725, *le lendemain* ; D. 974, *demain.*

DEMENER, D. 35, *mener, conduire.*

DEMENTER, réfl. *se lamenter.*

DEMORER, voy Demurer.

DEMURER, Sn.[1] 39, *demeurer, tarder.*

DEMUSTRER, *faire voir, démontrer.*

DEPARTIE, s.f. C. 29, Sn.[1] 82, *séparation.*

DEPARTIR, *séparer, diviser* ; part. p. DEPARTIE, D. 1114.

DEPECER, *mettre en pièces* ; part. p. DEPECEZ D. 597.

DEPORT, s.m. C. 27, 45, D. 952, 1127, *joie, plaisir.*

DEPORTER, voy Desporter.

DERAIN, adj. dernier ; f. DERAIGNE Sn.[1] 394 ; DEREIN, D. 1708 ; AL DREIN, D. 106, *en dernier lieu.*

DERVER, réfl. *devenir fou, furieux* ; ind. pr. DERVE T.[1] 86.

DERVERIE, s.f. Sn.[1] 422, *folie.*

DES, adv. Sn.[1] 860, D. 237, etc. *dès* ; DES QUANT, D. 55, 570, 671, *depuis quand.*

DESAFAITÉ, adj. D. 303, *mal appris, peu convenable.*

DESAFUBLER, part. p. f. DESAFUBLÉE. D. 1802, *avec ses vêtements défaits.*

DESCI QUE, adv. D. 447, *jusqu'à ce que.*

DESCONFORTER, D. 1166, *perdre courage.*

DESENCOMBRER, Sn.[1] 352, réfl. *délivrer.*

DESERT, s.m. *contrée déserte*. DESERZ, D. 831.
DESERVIR, *mériter* ; part. p. DESERVI, D. 335.
DESEVRANCHE, s.f. C. 43, *séparation*.
DESEVRER, D. 1241, *séparer, détacher* ; inf. pris substantivement D. 1474.
DESFIEMENT, s.m. D. 71, *défi*.
DESHAIT, s.m. D. 733, *découragement, douleur* ; avec le subj. du verbe avoir *terme de malédiction* (voir dehait).
DESHAITÉ, voy Dehaité.
DESIR, s.m. Sn.[1] 4, 34, 35, etc. *désir et parfois amour au sens élevé*.
DESIRUS, adj. Sn.[1] 620, D. 1576, *désireux* ; pris subst. Sn.[2] 823.
DESLEER, Sn.[1] 432, 459, réfl. *se conduire déloyalement* (contre la loi) ; part. p.f. empl. adjectivement DESLEÉE D. 304, *qui manque à la parole donnée, déloyal*.
DESMENTIR, D. 716, *fournir au sujet de quelqu'un la preuve que la vérité n'a pas été dite*.
DESORNAVANT, adv. D. 476, *dorénavant*.
DESPIRE, D. 299, *outrager, mépriser*.
DESPIT, s.m. Sn.[1] 24, *mépris*.
DESPORTER, Sn.[1] 648, neutre et réfl. *s'abstenir, se dispenser*.
DESPUILLIER, réfl. Sn.[1] 388, *se dévêtir*.
DESQUE, D. 53, *jusque*.
DESRAIER, réf. *faire un écart* (en parlant d'un cheval) ; ind. pr. DESRAIE, T.[1] 206.
DESTOLIR, Sn.[1] 132, réfl. *se retirer*.
DESTRAIT, voy Destreit.
DESTRE, adj. Sn.[1] 629, T.[1] 212, *droit* ; EN DESTRE, Str.[1] 31, SUR DESTRE D. 906, A DESTRE, T.[1] 200, *à droite*.
DESTREINDRE, *resserrer, tourmenter moralement, contraindre, forcer*.
DESTREIT, s.m. D. 87, *contrainte, difficulté, gêne, tourment* ; EN DESTREIZ Sn.[1] 332, *triste, inquiet*.
DESTREIT, adj. Sn.[1] 406, 587, *opprimé, tourmenté*.
DESTRER, s.m. D. 908, *destrier*.
DESTRESCE, s.f. Sn.[1] 349, D. 1178, *détresse*.
DESTRUIRE, *détruire, tuer* ; part. p.m.s. DESTRUIT, D. 51.

DESTURBANCE, s.f. D. 1582, *trouble, empêchement.*

DESUR, prép. D. 1521, *sur.*

DESUZ, prép. D. 477, 478, 1376, *sous.*

DETORDRE, *tordre* ind. pr. DETUERT, D. 1737.

DEU, s.m. C. 6, Sn.[1] 49, 502, D. 497, 533, etc. *Dieu* ; DEUS, D. 541, nom.

DEUS, voy Dous.

DEVANT, prép. D. 1647 ; adv. Str.[1] 67, D. 1534, 1593, *devant* ; T.[1] 54, *auparavant* ; prép. D. 1688, *avant,* D. 1719, *devant.*

DEVEIR, *devoir* ; ind. pr. DOI, C. 48, DEI, Sn.[1] 63, 71, etc.

DIS, s.m. pl. *jours* ; ne se trouve qu'après tuz, TUIT DIZ, Sn.[1] 40, TUIT DIS, Sn.[1] 240, TUZ DIS, D. 89, *toujours.*

DIT, s.m. D. 132, *parole* Sn.[2] 830, *composition, narration.*

DIVERS, adj. 835, *varié.*

DIVERSER, *varier, changer* ; ind. pr. DIVERSE Sn.[1] 6, 284, D. 840, *être différent.*

DOL, voy Duel.

DOLEIR, réfl. *souffrir* ; ind. pr. DUIL, Sn.[1] 472.

DOLENT, adj. Sn.[1] 751, D. 482, *triste.*

DOLERUS, adj. D. 1583, *douloureux* ; pris substantivement, D. 1794.

DOLOR, s.f. C. 42, Sn.[1] 91, 848, *douleur, chagrin.*

DONEUR, s.m. *acc.* pour nom : Sn.[1] 816, D. 424, *amant, galant* ; nom.s., DONOIERE.

DOTER, Sn.[1] 146, 829, T.[1] 69, 236, act. et réfl. *redouter.*

DOUS, num. D. 811, 1037, etc., *deux* ; DEUS, D. 816 ; nom. DUI, D. 1029.

DRAP, s.m. D. 1396, *étoffe, vêtement.*

DRAPERIE, s.f. D. 1310, *étoffes.*

DREIN, voy Derain.

DREIT, adj. Sn.[1] 166, 167, D. 938, *droit, légitime* ; m. et f. DREITE, Sn.[1] 322, *véritable* ; pris adverbialement DREIT vers Engleterre Sn.[1] 1, DREIT en Engl. D. 787, En Bret. tut DREIT, D. 833, DREIT a Lundres, D. 1376.

DREIT, s.m. Sn.[1] 517, *droit* ; a DREIT, Sn.[1] 517, *justement, à bon droit* ; par DREIT, T.[1] 113, D. 270 ; a bon DREIT,

D. 391 ; avoir DREIT, D. 341, *avoir raison* ; EN DREIT, D. 1104, voy Endreit.
DREITURE, s.f. Sn.[1] 570, *ce qui est de droit.*
DREITURER, adj. D. 962, *juste, droit.*
DROERIE, voy Druerie.
DRU, s.m. Sn.[1] 857, D. 394, *amant, ami* ; DRUZ, D. 1437.
DRUERIE, s.f. Sn.[1] 799, Str.[1] 60, *amour.*
DUEL, s.m. C. 29, Sn.[1] 568, *douleur* ; DOL, Sn.[1] 886, DOLZ, D. 83.
DUI, voy Dous.
DULZ, adj. m. D. 1132, 1669, *doux* ; f. DOCE, C. 31, DULCE, Sn.[1] 794.
DUNC, adv. Sn.[1] 5, 77, 90, etc., *donc, alors* ; DUNQUES, D. 1592.
DUNT, pr. rel. Sn.[1] 42, 216, 342, etc. *dont, par suite de quoi* ; adv. interr. Sn.[1] 127, 548, *d'où* ; Sn.[1] 568 ; DONT, Sn.[1] 577, T.[1] 70, 179, *d'où, de quoi.*
DUSUR, s.f. D. 1218, *témoignage d'amitié.*
DUTAUNCE, s.f. D. 314, *crainte, doute.*
DUTE, D. 1568, *crainte.*
DUTER, D. 1687 ; voy Doter.
DUX, s.m. Sn.[1] 863, *duc.*

E, interjection, Sn.[1] 49.
EAGE, s.m. D. 251, *âge, durée de la vie.*
EAUE, s.f. T. 219, *eau* ; EVE, D. 1522.
EFFREI, s.m. D. 1103, *effroi, trouble.*
EFREER, réfl. *se troubler* ; ind. pr. EFROIE, T.[1] 223.
EINZ, voy AINZ.
EINZ, voy ENZ.
EIRE, voy ERE.
EIS, particule indicative, Str.[1] 39, 49, *voici, voilà.*
EISSI, adv. *de sorte que* ; EISSI QUE, D. 1713 ; voy Issi.
ESSIL, voy Eschil.
EISSILLIER, *exiler* ; part. p. EISSILLIEZ, D. 1232.
EISSIR, voy Issir.
EL, pron. indéfini, Sn.[1] 647, 651, T.[1] 104, *autre chose.*
EL, contract. de *en le,* voy En.
EL, pron. pers. fém. nom. s. *elle* ; T.[1] 100, 162, D. 409, etc.

ELS, pron. pers. ton. m. acc. pl. Sn.[1] 341, 368, etc. *eux* ; EULS, Sn.[1] 142, 340, EUS, D. 832, 882, etc.

EM, voy En.

EMBATRE, réfl. *foncer sur* ; ind. pr. EMBAT, D. 566.

EMBUSCHIER, actif, *surprendre en embuscade* ; parf. EMBUSCHERENT, D. 1030.

EMFERMETÉ, s.f. Sn.[1] 630, *maladie.*

EMPAINDRE, réfl. *pousser en avant* ; ind. pr. ENPAINT, T.[1] 213, EMPEINST, D. 537.

EMPEIRIER, Sn. 298, *empirer, rendre plus misérable.* EMPEIRÉ, D. 224, *blâmé.*

EMPIREMENT, s.m. D. 200, *aggravation d'un mal.*

EMPRENDRE, Sn.[1] 204, *entreprendre* ; ind. pr. EMPERNEZ, D. 1162.

EMVAÏR, *attaquer* ; pf. EMVAÏRENT, D. 1038.

EMVEIER, Sn.[1] 694, 703, *envoyer.*

EMVEISIER, Sn.[1] 637, *se livrer au plaisir.*

EMVEISURE, s.f. D. 618 *réjouissance* ; Sn.[2] 795 ENVOISURES, T.[1] 202.

EMVIUS, adj. pris substantivement Sn.[2] 823, *ceux qui désirent* (l'*amour*).

EN, adv. ou adv. pronominal Sn.[1] 45, 74, 780, T.[1] 59, D. 944, etc. EN, Sn.[1] 34 (à cela), EM, Sn.[1] 55, 642, etc. (devant labiale) ENT, Str.[1] 1 ; combiné avec jo, JON, D. 65, 367, 947 ; combiné avec si, SIN, D. 525, 624 ; ENAPRÈS, Sn.[1] 286, 378, D. 576, *après.*

EN, préposition, C. 10, 23, Sn.[1] 11, etc. EM, Sn.[1] 17, D. 486 ; combiné avec le, EL, C. 16, Sn.[1] 165, etc.

EN, pron. indéfini, L'EN, Sn.[1] 116, 137, etc. *on.*

ENAMER, D. 43, *aimer.*

ENCEIS, voy Anceis.

ENCHALZ, s.m. Sn.[1] 33, *poursuite, fatigue, souffrance.*

ENCOMBRER, Sn.[1] 218, *trébucher contre un obstacle, se mettre dans l'embarras.*

ENCOSTE, adv. D. 1418, *à côté, auprès.*

ENCROSER, réfl. *s'enfoncer dans un trou* ; part. p. ENCROSEZ, T.[1] 217.

ENCUMBRER, s.m. Sn.[1] 342, *embarras, obstacle* ; ENCUNBRER, D. 12, 1724.

ENCUMBRER, voy Encombrer.

ENCUNTRE, s.f. D. 918, *rencontre.*

ENCUNTRE, prép. Sn.[1] 122, 123, etc. *contre, envers* ; ENCONTRE, Sn.[1] 195, etc. ; adv. ENCUNTRE VAIT, Str.[1] 14, *à la rencontre.*

ENCUSER, D. 491, *accuser, dénoncer.*

ENDEBLE, adj. D. 704, *débile, faible.*

ENDITIER, *indiquer, enseigner, suggérer* ; part. p. ENDITEE, D. 731.

ENDREIT, adv. D. 1796, *précisément.*

ENDREIT (DE), prép. Sn.[1] 209, 814, D. 284, *en ce qui regarde, quant à* ; EN DREIT sun lit, D. 1104, *à l'endroit du lit* (de Tristan).

ENGAIGNE, voy Engin.

ENGIN, s.m. Sn.[1] 558, 618, D. 28, 111, etc. *ruse, habileté, tromperie* ; ENGAIGNE, Sn.[1] 864.

ENGINGUIER, voy Enginnier.

ENGINNIER, Sn.[1] 463, *tromper, tramer, machiner.*

ENHAÏR, *prendre en haine,* subj. pr. ENHACE, D. 207.

ENIMISTÉ, s.f. D. 1329, *inimitié.*

ENJURNEE, s.f. D. 725, *point du jour.*

ENNUI, s.m. Sn.[1] 87, T.[1] 78, D. 900, 1739, etc., *angoisse, tourment.*

ENNUIER, T.[1] 79, *tourmenter.*

ENNUIUS, adj. D. 543, *importun.*

ENOVERIR, *ouvrir,* pf. ENOVERI, T.[1] 221.

ENPARLER, ad, *adresser la parole à* ; ind. pr. ENPAROLE, T.[1] 29.

ENPEINDRE, voy Empaindre.

ENPEIRER, voy Empeirier.

ENPRENDRE, voy Emprendre.

ENQUERRE, *chercher à savoir, s'informer* ; ind. pr. ENQUERT, D. 646, 1360.

ENSEGNER, voy Enseingner.

ENSEINGNE, s.f. D. 776, 1186, 1485, *signe.*

ENSEINGNER, D. 926, *renseigner* ; part. p.m. ENSEGNÉ, D. 458, *instruit* ; employé comme subst. ENSEIGNEZ, Str.[1] 59.

ENSEMENT, adv. Sn.[1] 293, 837, D. 446, 1301, *pareillement*, Sn.[2] 803, *également*.

ENSENGNER, voy Enseingner.

ENSI, adv. Str.[1] 35, *ainsi, tellement.*

ENSURQUETUT, adv. D. 852, *par-dessus tout, surtout.*

ENT, voy En.

ENTAILLER, *ciseler, graver* ; part. p.f. ENTAILLEE, C. 1398.

ENTENDRE, *être attentif, comprendre, écouter* ; e amur e ire i ENTENT, Sn.[1] 354, *j'y trouve, je comprends qu'il y a* ; la raine duble ENTENT, T.[1] 94, *j'y trouve, je comprends qu'il y a pour la reine double* (*tourment*).

ENTENTE, s.f. Sn.[1] 251, D. 254, 590, *attention, intention, pensée.*

ENTISEMENT, s.m. D. 64, *excitation, instigation.*

ENTRE, prép. C. 1, T.[1] 71, Sn.[1] 142, etc. ; ENTRE Tr. e Kaerdin, Str.[1] 8, D. 830, Tr. et K. ensemble.

ENTREMETRE, réfl. *s'entremettre, s'occuper* ; fut. ENTREMETTRAI, D. 468.

ENTR'OBLIER, Sn.[1] 190, *oublier pendant quelque temps.*

ENTUR, prép. Sn.[1] 773, T.[1] 18, D. 115, etc. *auprès de, autour de.*

ENTUSCHER, D. 857, *empoisonner.*

ENVEISIER, *s'adonner au plaisir, se divertir* ; part. p. empl. subst. obl. pl. ENVEISIEZ.

ENVERS, prép. Sn.[1] 366, etc. EMVERS, Sn.[1] 210, D. 126, etc. ; Sn.[1] 108, *en comparaison de.*

ENZ, adv. Sn.[1] 409, D. 629, etc. *dedans* ; EINZ, D. 1475.

EOR, voy Eür.

ER, adv. D. 942, *hier.*

ERBE, s.f. D. 1066, *herbe.*

ERE, s. m. ou f. D. 1303, *voyage* ; EIRE, D. 1511, 1723.

ERRANCE, s.f. T.[1] 15, D. 377, *égarement, erreur, détresse.*

ERRER, *voyager, cheminer* ; parf. ERRERENT, D. 831.

ERRER, T.[1] 14, *tomber dans l'erreur.*

ERRUR, s.f. T.[1] 47, D. 382, *erreur, soupçon erroné.*

ESBANIER, Sn.[1] 378, *se divertir.*

ESCHANCELER, *chanceler* ; ind. pr. ESCHANCELE, D. 462.
ESCHAR, s.m. D. 535, *moquerie, dérision.*
ESCHAVINE, s.f. D. 631, *sorte d'étoffe velue, robe faite de cette étoffe.*
ESCHERMIE, Sn.[1] 381, *escrime, joûte, exercice d'escrime.*
ESCHIL, s.m. C. 27, *exil* ; EISSIL, D. 594.
ESCHIVER, *fuir, éviter, esquiver* ; ind. pr. ESCHIVE, Sn.[1] 621.
ESCLATER, *rejaillir* ; ind. pf. ESCLATA, T.[1] 252.
ESCONDIRE, *refuser* ; ind. pr. ESCONDIT, T.[1] 247.
ESCORCER, Sn.[1] 693, 700, *raccourcir.*
ESCRIER, *défier par un cri* ; pf. ESCRIERENT, D. 1031.
ESCRILLER, *glisser, trébucher* ; ind. pr. ESCRILLE, T.[1] 214.
ESCUTER, D. 1106, *écouter.*
ESFREER, voy Efreer.
ESGARDER, T.[1] 27, *regarder.*
ESGART, s.m. T.[1] 181, *jugement, arbitrage.*
ESGUARER, *égarer* ; part. p. ESGUARÉ, D. 1000, *isolé, attristé, éperdu.*
ESHALCER, Sn.[1] 699, *glorifier, élever en honneur* ; Str.[1] 42, élever (sens littéral) ; inf. empl. substantivement Str.[1] 42.
ESKERMIE, voy Eschermie.
ESKIPRE, s.m. D. 1611, *matelot.*
ESLEVER, D. 507, *faire gonfler.*
ESLUINIER, Sn.[1] 133, *éloigner.*
ESLUNGNER, voy Esluinier.
ESMAIER, réfl. *s'émouvoir, se troubler* ; ind. pr. ESMAIE, Sn.[1] 828, 853, D. 1090.
ESMOVEIR, *faire mouvoir, exciter* ; part. p. ESMEU, Sn.[1] 634.
ESPANDRE, réfl. *se répandre* ; ind. pr. ESPANT, D. 1069.
ESPARPEILLIER, *répandre* ; ind. pr. ESPARPEILLE, Sn.[1] 758.
ESPE, s.m. D. 1047, 1447, *lance.*
ESPEIR, s.m. Sn.[1] 654, D. 1551, *espoir.*
ESPERON, s.m. T.[1] 208, *éperon.*
ESPESSIR, neutre, *épaissir* ; ind. pr. ESPESSIST, Str.[1] 1599.
ESPIET, s.m. D. 805, *lance, épieu.*
ESPLEIT, s.m. *action, empressement,* aussi *ardeur* ; a grant ESPLEIT, D. 1701, *rapidement.*

ESPLEITER, Sn.[1] 804, D. 489, etc., *accomplir, exécuter, agir réussir* ; inf. empl. substantivement ESPEITER, D. 1527.

ESPROVER, Sn.[1] 163, *éprouver.*

ESPUS, s.m. Sn.[1] 167, T.[1] 111, *époux.*

ESPUSE, s.f. Sn.[1] 166, 458, *épouse.*

ESPUSER, Sn.[1] 164, 173, etc. *épouser* ; inf. pris substantivement Sn.[1] 367.

ESPUSAILLE, Sn.[1] 175, *mariage.*

ESTABLE, adj. Sn.[1] 235, *constant, stable.*

ESTATURE, s.f. D. 554, *stature.*

ESTEER, voy Ester.

ESTENDRE, *s'étendre* ; ind. pr. ESTENT, Sn.[2] 809, 812.

ESTER, D. 1105, *se tenir debout, exister, être* ; ESTEER, D. 864 ; impér. ESTEEZ, D. 1011, *arrêtez-vous* ; laissez ESTER, D. 691, *laisser cela tranquille.*

ESTORER, réfl., S'ESTEUT pour S'ESTORET ou S'ESTUERET ? *se prémunir, se préparer.*

ESTORIE, s.f. Sn.[2] 832, *histoire.*

ESTOVEIR, impers. *falloir* ; ind. pr. ESTUET, T.[1] 96, 161, D. 216, 242, etc. ESTUT, T.[1] 114, D. 932, ESTOT, Sn.[1] 37, ESTUIT, Sn.[1] 36, 109, 112, etc. ; subj. pr. ESTOCE, T.[1] 12.

ESTRANGE, adj. Sn.[1] 64, T.[1] 164, D. 85, 103, etc., *étranger,* C. 3, Sn.[1] 234, T.[1] 71, D. 1311, *étrange* ; pris substantivement, Sn.[1] 282.

ESTRE, s.m. Sn.[1] 174, 206, D. 186, 500, etc., *état, condition.*

ESTREITEMENT, adv. Sn.[1] 401, *étroitement, rigoureusement.*

ESTREIT, adj. Sn.[1] 390, *étroit* ; pris adverbialement Sn.[2] 811.

ESTRIF, s.m. Sn.[1] 185, *débat, combat.*

ESTRIVER, D. 882, *débattre, disputer.*

ESTRUMENT, s.m. Sn.[1] 792, *instrument.*

ESTUR, s.m. Sn.[1] 676, 686, *combat.*

EULS, voy Els.

EÜR, s.m. D. 788, 1519, *bonheur, hasard, chance* ; EOR, C. 3 a mal EUR, D. 1607, *par malheur.*

EUS, voy Els.

EUVIER, m.s. T.[1] 215, *flaque d'eau.*

EVE, voy Eaue.

FAILE, s.f. Sn.[1] 708, *faute, manque.*

FAILLIR, ind. pr. FAIL, D. 1649, FALT, Sn.[1] 689, D. 1262 ; pris substantivement D. 1574.

FAISANCE, s.f. Sn.[1] 204, 349, 525, *action, entreprise, manière d'agir,* FESAUNCE, D. 244.

FAITEMENT, adv. *ainsi* ; issi FAITEMENT, Sn. 728, D. 609.

FAITURE, s.f. D. 553, 644, *forme, façon, allure.*

FASANCE, voy Faisance.

FEI, s.f. Sn.[1] 423, 436, etc., *foi* ; par ma FEI, Str.[1] 46, D. 574 ; par FEI, D. 173, 339, 977, *sur ma parole.*

FEIE, s.m. Sn.[1] 636, *foie.*

FEIMENTI, adj. D. 239, 305, *parjure.*

FEINDRE, D. 369, réfl. *hésiter, reculer, manquer de courage* ; part. p.f. FEINTE, D. 569, 681, *rusée.*

FEIZ, s.f. Sn.[1] 394, 640, D. 820, 1470, FEZ, D. 1769, *fois* ; a cele FEIZ, Sn.[1] 331.

FELUN, adj. FEL, D. 134.

FELUNIE, s.f. 159, 678, *félonie.*

FENTISE, D. 16, *ruse.*

FER, *fier* ; adj. FERS, D. 1025. FIRS, Sn.[1] 812.

FERIR, T.[1] 210, 222, *frapper.*

FERM, adj. D. 353, 1152, *ferme.*

FES, s.m. *faix, tas* ; D. 575, a si grant FES, *en si grande quantité.*

FESAUNCE, voy Faisance.

FESTE, s.f. Sn.[1] 377, 383, T.[1] 198, D. 524, 795, fête.

FIANCE, s.f. Sn.[1] 456, D. 353, *foi.*

FIER, réfl. *se fier* ; ind. pr. FIEZ, D. 282 ; imp. FIOT, D. 651.

FIGURE, s.f. D. 643, *aspect du corps.*

FILZ, s.m. Sn.[1] 760, *fils.*

FIN, s.f. Str.[1] 7, *le sens décisif et véritable.*

FINER, *achever* ; ind. pr. FINE, D. 1368, etc.

FLATIR, T.[1] 218, *trébucher*(?) B = *frapper* ; Novati propose : « cacciare uno nel fango », dont il dit avoir trouvé d'autres exemples.

FLAVEL, s.m. D. 516, *cliquette de lépreux.*

FLAVELER, *agiter sa cliquette* ; ind. pr. FLAVELE, D. 521, 531, 546.

FLOD, s.m. *flot* ; al FLOD muntant, D. 1522, *à la marée montante.*

FOLIE, Sn.[1] 277, D. 267, 310, 322, etc., *vie déréglée* ; T.[1] 230 et 234, *action déraisonnable.*

FORCE, s.f. a FORCE, D. 452, 944, *par contrainte.*

FORFET, D. 26, *tort.*

FORMENT, adv. Sn.[1] 469, 632, D. 406, 484, etc., *fortement, beaucoup.*

FORS, prép. Sn.[1] 8, 13, 172, etc., *excepté.*

FORSVEIER, neutre, *se fourvoyer, s'écarter* (du bon chemin) ; part. p. FORSVEIÉ, D. 879, *se sont écartés (du conte).*

FORT, adj. D. 1022, 1079, *fort* ; Sn.[1] 582, 584, *pénible.*

FRAIDURE, s.f. T.[1] 223, *froidure.*

FRANC, adj. *noble, bien né.*

FRANCHISE, s.f. Sn.[1] 137, D. 30, 966, *noblesse du cœur.*

FRAUNCHE, voy Franc.

FREIT, s.m. D. 621, *froid.*

FREIT, adj. D. 645, *froid.*

FRESAIE, s.f. Sn.[1] 819, 823, etc., *sorte de chat-huant, oiseau de malheur.*

FRETÉ, adj. D. 910, *fretté* (terme de blason).

FUER, s.m. T.[1] 174, *prix, taux* ; a tel FUER, *à ce prix* ; a nul FUER, D. 212, *à aucun prix, d'aucune manière.*

FUIR, neutre et réfl. C. 27 ; inf. pris substantivement D. 823.

FURAIN, adj. Str.[1] 41, *du dehors, par opposition à privé* ; FUREINES, Str.[1] 47, *étranger.*

FURME, s.f. D. 554, *forme.*

GABEERES, s.m. Sn.[1] 816, *diseur de plaisanteries.*

GAITER, *guetter, garder,* GUAITER, D. 870, 1107.

GARDE, s.f. D. 329 ; GARD, D. 475, *garde* ; vos n'avet GARDE de la vie, C. 25, sujet de crainte, peur, donc : *votre vie n'est pas en péril.*

GARDER, D. 73, 113, *garder, regarder* ; GARDEZ, D. 1284, *ayez soin.*

GARDIN, s.m. D. 1245, *jardin.*

GARIR, D. 1060, 1086, 1130, etc., *guérir, sauver,* GUARIR, D. 824, 1075.

GARZUN, s.m. Str.[1] 25, *valet.*

GAVELOC, GAVELOS, D. 805, *javelot.*

GE, voy Je.

GEÏR, Sn.[1] 625, *avouer, confesser.*

GENT, adj. Sn.[1] 609, D. 553, *beau, agréable.*

GENT, s.f. sing. Sn.[1] 426, D. 272, 572, *famille, gens.*

GESIR, Sn.[1] 454, 560, T.[1] 173, D. 639, GISIR, Sn.[1] 415, Str.[1] 11 ; inf. pris substantivement Sn.[1] 508, *le fait d'être couché.*

GESTES, s.f. D. 849, *actions mémorables, faits historiques.*

GIEU, s.m. Sn.[1] 382, *jeu* ; JU, D. 798.

GISIR, voy Gesir.

GRAANT, s.m. Sn.[1] 807, *promesse, serment, engagement.*

GRANTER, D. 149, 428, etc., *accorder, concéder.*

GRAVANCE, voy Grevance.

GREIGNOR, T.[1] 145, 151, 183, comparatif de grant ; GREINUR, Sn.[1] 336, 510 ; GRENIUR, D. 1586.

GREINUR, voy Greignor.

GREVANCE, s.f. Sn.[1] 350, D. 745, *peine* ; GRAVANCE, Sn.[1] 213.

GREVER, *être pénible, tourmenter* ; ind. pr. GREVE, D. 1088 ; GREVÉ, Sn.[1] 750, *blessé, endommagé.*

GRIEF, adj. *lourd, pénible, malheureux* ; fém. GRIVE, Sn.[1] 302.

GRIFMENT, adv. Sn.[1] 30, *péniblement.*

GUAINIER, D. 1402, *gagner.*

GUATTER, voy Gaiter.

GUALOS, LES GUALOS, loc. adv. D. 913, *au galop,* les WALOS, D. 908.

GUARDER, voy Garder.

GUARIR, voy Garir.

GUARNEMENT, s.m. Sn.[1] 687, *vêtement.*

GUARNIR, *garnir* ; part. p.f. GUARNIE, D. 1382.

GUAST, adj. D. 637, *désert, abandonné, en mauvais état.*

GUERDUN, s.m. D. 689, *récompense.*

GUERPIR, C. 28, T.[1] 97, 113, D. 124, 214, etc. *quitter, laisser, abandonner* ; GURPIR, Sn.[1] 33, 53,

GUERRER, s.m. nom., GUERRERS, D. 165, *guerrier.*

GUIER, *guider* ; ind. pr. GUIE, D. 1537.
GURPIR, voy Guerpir.

HAAN, voy Ahan.
HAHUGE, adj. Sn.[1] 672, *ample, très grand.*
HAIT, s.m. C. 30, D. 74, Sn.[2] 786, *joie, plaisir, allégresse.*
HAITER, *mettre en joie* ; part. p.m. HAITEZ, T.[1] 5, D. 697.
HAIUR, voy Haür.
HALER ; ind. pr. HALENT, D. 1305, *hisser.*
HALT, adj. Sn.[1] 690, *haut,* D. 1773.
HALTEINS, adj. Sn.[1] 697, *haut.*
HALTESCE, s.f. Sn.[1] 694, *honneur, gloire.*
HANAP, s.m. D. 512, 546, *écuelle.*
HARDEMENT, s.m. Sn.[1] 675, 727, *hardiesse.*
HAÜR, s.f. Sn.[1] 129, 322, etc. HAIUR, T.[1] 26, *haine.*
HERBERJUR, s.m. Str.[1] 29, *fourrier.*
HICEST, voy Icest.
HICI, voy Ici.
HIDONC, voy Idunc.
HISDUR, s.f. D. 635, *effroi. horreur.*
HITEL, voy Itel.
HOBENS, D. 1602, *haubans.*
HONUR, s.f. Sn.[1] 674, 847, D. 9, 32, 179, etc., *honneur, terre seigneuriale.*
HONURER, *honorer* ; part. p.f. HONURÉE, D. 180.
HOSTEL, s.m. D. 973, *maison.*
HUMAGE, s.m. D. 969, *hommage.*
HUNIR, D. 38, 59, 99, *honnir.*
HUNISEMENT, s.m. D. 293, *honte, infamie.*
HUNTAGE, s.m. D. 69, 277, 392, *affront, déshonneur, opprobre.*
HUNTUS, adj. Sn.[1] 619, T.[1] 232, *honteux, embarrassé.*

I, adv. C. 3, 6, etc. *y* ; se rapportait aussi aux personnes, Sn.[1] 394, 431, etc.
ICEL, pron. dém. (fonction adj. ou substantive) Sn.[1] 734, etc.
ICEST, pron. dém. (fonction adj. ou substantive) Sn.[1] 87, D. 1079, *ce, ceci, celui-ci, celle-ci.*

ICI, adv. D. 120, HICI, T.[1] 144.
IDUNC, adv. Sn.[1] 326, 504, etc. D. 342, 411, etc., *donc, alors*, HIDONC, T.[1] 29, 41, 237.
IGNELEMENT, adv. D. 1031, *rapidement*.
ILLUQUES, voy Iloc.
ILOC, adv. D. 761, 1024, etc., *là*.
ILOQUES, voy Iloc.
ILUEC, voy Iloc.
IRE, s.f. Sn.[1] 129, 318, etc. *colère*.
IRER, *mettre en colère* ; part. p. IREZ, T.[1] 6, etc.
IRUR, s.f. T.[1] 25, 44, D. 101, *colère, douleur*.
ISSI, adv. Sn.[1] 38, 116, D. 75, 1789, Sn.[2] 814, 831, *ainsi, si* ; EISSI, D. 1008 ; ISSI CUM, Sn.[1] 521, 697, *de même que, ainsi que, vu que* ; EISSI QUE, D. 1590, *de sorte que*.
ISSIR, *sortir* ; fut. ISTEREZ, Sn.[1] 841 ; part. EISSUZ, D. 527.
ITANT, adv. Sn.[1] 248, 310, D. 289, 359, etc., *tant* ; A ITANT, C. 14, Sn.[2] 813, *alors* ; ITANT cum, D. 388, 1333, *tant que*.
ITEL, D. 985, adj. *Tel*, HITEL, note de D. 203.

JA, adv. Sn.[1] 54, 466, D. 640, *déjà* ; avec une négation : C. 30, 45, Sn.[1] 199, 226, D. 1202, etc., *jamais* ; JA seit que, D. 144, *quoique*.
JAIANT, s.m. Sn.[1] 663, 711, *géant*.
JALUS, adj. T.[1] 62, 63, *jaloux*.
JO, pron. pers. ton. Sn.[1] 9, 11, etc., *je* ; 10, D. 83, JU, D. 1208.
JOIUS, adj. D. 1539, 1703, *joyeux*.
JOL, voy Le.
JOLIF, adj. Sn.[1] 418, *tendre, amoureux, ardent*.
JOLIFTÉ, s.f. D. 283, *disposition portée à la volupté, aussi amabilité*.
JON, voy En.
JOR, s.m. C. 30, 41, etc., *jour*.
JU, voy Gieu.
JUEIR, Sn.[1] 115 *se livrer au plaisir*.
JUNER, D. 602, *jeûner*.
JUSTE, prép. D. 1418, 1558, *près de*.
JUVENTE, s.f. D. 249, 253, *jeunesse*.

K, voy sous C ou sous QU.

LAENZ, adv. Sn.[1] 246, *là dedans.*

LAI, s.m. Sn.[1] 782, 817, *lai, sorte de poème.*

LAIDURE, s.f. D. 1698, *mauvais temps.*

LAISIER, Sn.[1] 64, 112, *laisser,* ou *délaisser.*

LAIT, s.m. D. 75, *outrage.*

LAIT, adj. T.[1] 54, *laid.*

LANGUR, s.f. D. 1088, 1212, *souffrance, langueur.*

LARGE, adj. D. 1793, *généreux.*

LARGESCE, s.f. D. 1383, *libéralité, largesse.*

LAS, adj. D. 1734, *malheureux,* LAS ! exclamation C. 17, *hélas.*

LAVENDERE, s.f. Str.[1] 39, *lavandière.*

LAZRE, adj. D. 511, *lépreux.*

LE, pron. pers. neutre, Sn.[1] 32, 56, etc., L', Sn.[1] 37 ; emploi enclitique : JOL, Sn.[1] 158, D. 163, etc. NEL, D. 195, 364, etc. QUEL, D. 695, JAL, D. 667.

LE, pron. pers. atone, C. 52, Sn.[1] 271, etc. L', Sn.[1] 10, 858 ; emploi enclitique NEL, Sn.[1] 14, 58, etc. DEL, Sn.[1] 626, QUEL, D. 998, JOL, D. 8, QUIL, D. 1050, 1362.

LÉ, voy Lié.

LEAL, voy Leel.

LEALMENT, adv. Sn.[1] 425, D. 415, 1484, *loyalement.*

LEALTÉ, s.f. D. 352, 1175, *loyauté.*

LEEL, adj. loyal, f. LEELE, D. 108, 114.

LEEMENT, adv. D. 887, 1539, *joyeusement.*

LEEZ, voy Lié.

LEIDEMENT, adv. D. 679, *laidement.*

LEINE, voy Leingne.

LEINGNE, s.m. ou f. D. 624, *bois à brûler.*

LEISER, s.m. *loisir* ; A LEISER, D. 1194, *à son aise.*

LERMER, *verser des larmes* ; ind. pr. LERMENT, C. 39.

LES, pron. pers. C. 5, 7, etc. emploi enclitique : KIS, D. 1537, (*qui les*).

LES, art. m. C. 38, Sn.[1] 850, T. [1] 1, etc.

LEVER, act. *élever, lever* ; neutre, *se lever, s'élever* ; ind. pr. LEVE, D. 1034, 1597, 1712 ; pris substantivement AL LEVER, T.[1] 209.

LI, *art.* m. C. 4, 8, etc. *le* ; combiné avec a AU, C. 8, 21 ; combiné avec en, EL, C. 16 ; combiné avec de, DU, C. 39.

LI, pron. pers. atone m. et fém. C. 37, Sn.[1] 64, etc. ; empl. pour LA atone, Sn.[1] 64, 176 ; L' T.[1] 96, 180 ; pronom ton. fém. acc. après prép. PAR LI, D. 13, VERS LI, D. 78, 295, OD LI, D. 1080, DE LI, Sn.[1] 47, 154 EN LI, D. 651, 444 ; acc. ton. m. D. 584.

LIÉ, adj. *joyeux* ; m. nom. s. LIEZ, Sn.[1] 834, D. 499.

LIEU, s.m. Sn.[1] 235, *endroit* ; LIU, D. 1779 ; PAR LIEUS, Sn.[2] 834, *par endroits.*

LIGE, adj. D. 1163, 1441, *qui doit à son seigneur une fidélité absolue.*

LIJANCE, s.f. D. 352, 969, *vassalité, fidélité.*

LINGNAGE, s.m. D. 278, *ensemble de ceux dont on descend, parenté.*

LOF, s.m. D. 1595, *coin inférieur d'une basse voile qui est du côté du vent.*

LOGE, s.f. D. 622, D. 654, 702, *cabane.*

LOIG, voy Luin.

LOR, adj. possessif, Sn.[1] 237, 246, etc. *leur* ; LUR, D. 18, 168.

LOR, pr. pers. pl. dat. m. et f. Sn.[1] 342, *leur* ; LUR, Str.[1] 39, 49, D. 220, 540, etc.

LOS, s.m. D. 891, *gloire, louange.*

LOSENGER, *flatter* ; ind. pr. LOSANGE, T.[1] 19.

LOUSENGER, voy Losenger.

LU, art. m. obl. s. Sn.[1] 182, 210, D. 198, 218, etc., *le* (détermine dans tous ces cas le mot rei).

LUIN, adv. Sn.[1] 844, *loin* ; en LOING de vus, C. 33, *loin de vous* ; de LUIN a LUIN, Str.[1] 15, *à une certaine distance.*

LUINGNE, s.f. D. 1047, parmi la LUIGNE, *dans la région des reins.*

LUNG, adj., D. 915, *long, grand.*

LUNGEMENT, adv. Sn.[1] 631, D. 141, 246, *longuement, longtemps.*

LUNGES, adv. Sn.[1] 39, 641, D. 248, *longtemps.*

LUNGUR, s.f. D. 1532, *longueur.*

LUR, voy Lor.

MAINS, voy Mainz.

MAINZ, adv. Sn.[1] 260, *moins,* MAINS, D. 203, 1240 ; AL MAINS, T.[1] 125, AL MEINS, D. 1609, 1686, *d'ailleurs.* (cf. Foerster Wörterb., « gar sehr »).

MAIS, D. 330, (forme abrégée de malveis ?) *mauvais.*

MAIS, adv. *plus* ; tuz jurs MAIS, D. 254, *désormais* ; MAIS que, Sn.[1] 187, *si ce n'est que* ; avec la négation : ainz MAIS ne, C. 44, *jamais auparavant* ; ja ne MAIS, C. 45, *jamais ne-... plus* ; MAIS n'en pot, Sn.[1] 38 *n'en peut plus* ; MAIS ne, T.[1] 28, *ne plus* ; ne MAIS, T.[1] 188, *ne jamais* ; MAIS ne, T.[1] 241, *plus jamais* ; ne unques MAIS, D. 109, ne unques MES, D. 1804, *ne jamais* ; ne ja MAIS, *ne jamais,* D. 1202.

MAL, s.m. Sn.[1] 57, 140, 215, etc. ; par MAL, D. 343, *péniblement.*

MAL, adj. Sn.[1] 71, T.[1] 248, D. 397, etc. *mauvais* ; MALE flame, D. 330, *le feu de l'enfer.*

MALDIRE, *maudire* ; ind. pr. MALDIT, D. 613.

MALEMENT, adv. Sn.[1] 875, *mal.*

MALMETRE, *gâter, mettre à mal, maltraiter,* part. p. MALMIS, Sn.[1] 66, D. 1052.

MALUISE, adj. D. 20, *malheureux, misérable.*

MALVEIS, adj. Sn.[1] 254, 256, D. 52, 57, *mauvais.*

MALVEISEMENT, adv. *mal.*

MALVEISTÉ, s.f. Sn.[1] 245, D. 39, 281, *méchanceté.*

MANACE, s.f. D. 542, *menace.*

MANACIER, *menacer* ; ind. pr. MANACE, D. 539.

MANIER, *rester, demeurer* ; ind. pr. MAIN, D. 938, MAINT, Sn.[1] 52, D. 1364.

MANIER, adj. D. 1040, *habile.*

MAR, adv. Sn.[1] 470, D. 3, 100, *pour le malheur de celui dont l'on parle.*

MARBRIN, adj. D. 720, *de marbre.*

MARCHE, s.f. Sn.[1] 718, D. 890, 937, *région située aux frontières d'un Etat.*

MARECHAL, s.m. Str.[1] 29, *préposé aux soins des chevaux et des écuries.*

MARIEN, s.m. D. 627, *bois de charpente, merrain.*

MATIRE, s.f. Sn.[1] 729, *matière du récit* ; MATYRE, D. 840.
MAÜR, adj. D. 1490, 1758, 1790, *plus grand.*
MAUVAISTÉ, voy Malveisté.
MAVEISTÉ, voy Malveisté.
MAZRE, D. 512, *bois ou imitation en bois veiné, madre.*
MECINE, s.f. D. 1066, 1077, *remède.*
MECINER, D. 1450, *guérir.*
MEDLEE, s.f. D. 176, *mêlée, bataille, ici dispute.*
MEDLER, D. 209, *brouiller.*
MEGRE, adj. D. 705, *maigre.*
MEIE, pr. poss. adj. et subst. ton., f.s. Sn.[1] 855, D. 1003, 1161, *à moi, ma, mienne.*
MEILLUR, adj. Sn.[1] 269, *meilleur* ; MELIUR, D. 47, 1380 ; pris substantivement, Sn.[1] 259, 1413.
MEIME, pron. indéf., adj. et adv. D. 911, *même.*
MEINS, voy Mainz.
MEIS, s.m. D. 460, *mois.*
MELDRE, voy Meillur.
MELZ, voy MILZ.
MENBRER, C. 41, Sn.[1] 154 ; réfl. *se souvenir de* ; impers. D. 1227, *revenir à la mémoire,* MEMBRER, D. 1473.
MENÇOINGE, s.f. *mensonge* ; pl. MENÇOINGES, T.[1] 8.
MENTIR, Sn.[1] 437, 461, MENTIR sa fei, Sn.[1] 423, etc., *manquer à sa parole.*
MERCI, T.[1] 41, D. 158, etc., *miséricorde* ; MERCI Dieu, C. 6, *par la grâce de Dieu* ; vostre MERCI, D. 1183, *grâce vous soit accordée.*
MERVEILLIER, réfl. *s'émerveiller* ; ind. pr. MERVEILLE, Str.[1] 34, D. 406, 440.
MES, pron. pers. atone, adj. MIS, Sn.[1] 56, 58.
MES, conj. C. 6, 15, Sn.[1] 813, T.[1] 63, 84, D. 27, etc. *mais* ; MAIS, C. 50, Sn.[1] 132, 157, T.[1] 28, etc.
MESAISE, s.f. D. 594, 599, 771, *malaise, chagrin.*
MESCHINE, s.f. Sn.[1] 173, 205, etc., MECHINE, D. 1254, *jeune fille.*
MESFAIRE, réfl. *se rendre coupable* ; cond. MESFREIE, Sn.[1] 502.
MESFAIT, adj. Sn.[1] 546, *coupable.*

MESSUNGE, voy Mençoinge.

MESTER, s.m. D. 837, 1463, *besoin* ; Str.[1] 41, *office, service* ; D. 56, *métier.*

METRE, METRE VERS, Sn.[1] 705, *mettre comme enjeu* ; METRE SUR, D. 714, *imputer à.*

MEUZ, voy Milz.

MI, par MI la luingne, D. 1047, *à travers les reins* ; en MI le tref D. 1593, en MI liu del tref, D. 1779, *au milieu du mât.*

MILZ, adv. Sn.[1] 32, 276, *mieux* ; (de) MELZ, D. 18, 73, 362, 372, LE MILZ, Sn.[2] 827.

MIRE, s.m. D. 1058, 1362, 1449, *médecin.*

MIRIESCE, s.f. D. 1287, *femme-médecin.*

MIS, voy Mes.

MOILLIER, s.f. Sn.[1] 208, 414, *épouse.*

MOLT, adj. *nombreux.*

MOLT, adv. Sn.[1] 2, 6, 183, etc., *beaucoup, très* ; MUT, D. 1121.

MOND, s.m. Sn.[1] 646, T.[1] 177, *monde* ; MUND, D. 47, 72.

MOVEIR, réfl. *se mettre en mouvement* ; ind. pr. MUET, D. 1598.

MUCER, *cacher* ; part. p.m. MUCEZ, D. 598.

MUER, *changer* ; ind. pr. MUE, Sn.[1].

MUILLER, voy Moillier.

MUINE, s.m. D. 1102, *moine.*

MUSTIER, s.m. Sn.[1] 426, *moûtier, église.*

MUSTRER, D. 863, 1410, 1707, *montrer.*

NAENT, adv. D. 296, *nullement.*

NAGER, D. 1528, *naviguer, ramer.*

NAIM, C. 8, D. 854, *nain.*

NAISTRE, *naître ;* NEES, Str.[1] 56, *originaires de.*

NATURELMENT, adv. Sn.[1] 109 *conformément à la nature.*

NAUFRER, voy Navrer.

NAUFREURE, voy Navreure.

NAVRER, D. 856, *blesser* ; NAUFRÉ, Sn.[1] 749, D. 1046.

NAVREURE, s.f. D. 1496, *blessure* ; Sn.[1] 753, NAUFREURE.

NE, voy Nen.

NE, conj. C. 47, Sn.[1] 57, 89, etc. *ni.*

NE, part. de négation, atone, Sn.[1] 224, D. 17. etc. NEN, (devant mot commençant par voyelle) Sn.[1] 330, 653, etc. ; emploi absolu, NE vus, Str.[1] 46, NU, (ne le) D. 339.

NEELER, *nieller, émailler en noir.*

NEF, s.f. D. 1289, 1317, etc., *navire.*

NEIER, D. 1645, 1654, *noyer* ; NEIR, D. 644.

NEIR, adj. D. 1291, 1296, *noir.*

NEL, voy Le.

NENT, voy Nient.

NEQUEDENT, conj. ou adv. C. 51, Sn.[1] 413, T.[1] 166, D. 1509, *cependant, néanmoins.*

NERCIR, *noircir* ; ind. pr. NERCIST, D. 1071, 1600.

NES, s.m. D. 273, *nez.*

NEVOD, s.m. Sn.[1] 664, *neveu ;* NIZ, Sn.[1] 731.

NEVU, voy Nevod.

NI, voy Ne.

NIENT, C. 50, Sn.[1] 84, 871, D. 380, 763, *rien, néant.*

NIÉS, voy Nevod.

NIZ, voy Nevod.

NOS, pron. pers. ton. et atone, *nous ;* NQZ, D. 853, NUZ, D. 383, réfl. Sn.[1] 65.

NOS, pron. poss. voy Noz.

NOTER, *remarquer ;* ind. pr. NOTE, T.[1] 230.

NOVEL, adj. Sn.[1] 396, 681, *nouveau ;* de NOVEL, T.[1] 216, *nouvellement.*

NOVELE, s.f. Sn.[1] 832, 834, D. 461, 522, etc., *nouvelle.*

NOVELERIE, s.f. Sn.[1] 252, 255, etc. *changement, inconstance.*

NOZ, pron. poss. adj. Sn.[1] 66, D. 1241, 1660.

NOZ, pron. pers., voy Nos.

NU, voy Ne.

NUEL, s.m. D. 515, *bille.*

NUIRRIR, *nourrir* ; part. p.m. pl. NUIRRIZ, D. 183, *ceux qu'on a élevés.*

NUL, pron. indéf. adj. Sn.[1] 42, 235, T.[1] 58, 132, etc. ; subst. Sn.[1] 768, D. 217, T.[1] 74, *personne.*

NUN, particule de négation, empl. absolument Sn.[1] 90, *non.*

NURRETURE, s.f. D. 117, *jeune personne qu'on élève.*

NUT, s.f. D. 379, *nuit.*

NUZ, voy Nos.

O, prép. T.[1] 197, D. 112, voy aussi OD, *avec.*

OAN, adv. *cette année, présentement* ; OAN mais, D. 676, désormais.

OBLI, s.m. C. 32. T.[1] 9, *oubli.*

OBLIANCE, s.f. Sn.[1] 125, *oubli.*

OBLIER, Sn.[1] 104, 106, *oublier.*

OCIRE, D. 15, 450, *tuer.*

OD, prép. Sn.[1] 208, 357, etc. *avec.*

OILZ, s.m. pl. D. 588, *yeux.*

OÏR, Sn.[1] 656, D. 522, 526, *ouïr, entendre.*

OISEL, s.m. *oiseau ;* OISELS, Str.[1] 32, D. 1313.

ONUR, voy Honur.

OR, adv. C. 36, Sn.[1] 886, Str.[1] 45, *maintenant, alors* ; ORE, C. 49, Sn.[1] 20.

ORDRE, s.m. Sn.[1] 376, *ordonnance.*

ORE, voy OR.

ORÉ, s.m. D. 1540, *vent favorable.*

OSTEL, s.m. Sn.[1] 841, D. 1056, *maison.*

OSTER, Sn.[1] 247, 280, D. 1242, *ôter.*

OTREIER, D. 490, *accorder, concéder* ; ind. pr. OTREIE, D. 1486.

OSTUR, s.m. D. 1395, *faucon commun.*

OVE, prép. Sn.[1] 371, 414, D. 404, 663, etc. *avec.*

OVEC, prép. T.[1] 185, *avec.*

OVRAINE, Str. 48, OVRAIGNE, D. 730, 852, 1314, *ouvrage, action* ; C.[5] *acte de chair.*

OVRE, s.f. Sn.[1] 137, 161, *œuvre.*

OVRER, Sn.[1] 333, 460, *travailler.*

OVRIR, *ouvrir* ; ind. pr. OVRE, D. 1378.

PAIGNE, voy Peine.

PAINER, *tourmenter, chagriner.*

PAIS, s.f. D. 448, 1403, PES, D. 1407, *paix.*

PALASTRES, Sn.[1] 381, *lutte, exercice, gymnastique* (de l'antiquité) PALESTRES, D. 799.

PALESTRES, voy Palastres.

PALIE, s.m. D. 1777, *couverture, tapis, aussi étoffe de soie.*
PAR, prép. C. 3, 19, etc. PAR tuit, Sn.[1] 776, *partout.*
PAR, particule à valeur augmentative qui donne le sens d'un superlatif absolu à un adverbe ; de malveisté tant PAR se painent, Sn.[1] 245 ; mais trop PAR aiment novelerie, Sn.[1] 292 ; car trop PAR changent lor talent, Sn.[1] 294 ; mult PAR fud richement armé, D. 909 ; mult PAR est en grant effrei, D. 1103.
PARCUNER, s.m. D. 867, *associé, participant.*
PARDURABLE, adj. T.[1] 87, *éternel, continuel.*
PAREI, s.f. 1104, 1108, D. 1759, *paroi.*
PAREIR, *paraître* ; subj. pr. PERGE, D. 1257.
PARFAIRE, *faire jusqu'au bout* ; ind. pr. PARFEISUMS, D. 975.
PARFONT, voy Parfunt.
PARFUNT, adj. Sn.[1] 410, *profond* ; de PARFUNT cuer Sn.[1] 410, *du fond du cœur.*
PARLEMENT, s.m. D. 480, 1507, 1510, *entretien, entrevue.*
PARLERES, s.m. Sn.[1] 815, *parleur.*
PAROLE, s.f. T.[1] 148, 203, D. 373, 396, *parole* ou *la chose dont il s'agit.*
PART, s.f. T.[1] 162, D. 1195 ; de ma PART, D. 332, *de mon côté* ; de cele PART que, T.[1] 205, *du côté où* ; en mei n'a PART, D. 1196, *ne m'intéresse* ; par tut la PART, D. 865, *région, contrée* ; une PART, D. 1428, *à part.*
PARTIR, C. 48, Sn.[1] 168, 453, D. 1120, *quitter un lieu* ; C. 49, D. 1236, 1238, 1240, (se) *séparer* ; D. 746, 748, Sn.[1] 180 *avoir part à, partager.*
PAS, s.m. aler son PAS, C. 16, *se diriger vers.*
PASTURELE, s.f. Str.[1] 53, *pastourelle.*
PÉ, voy Pié.
PECHIÉ' s.m. Sn.[1] 429, 442, 503, *faute, péché,* PECHÉ, D. 457, PEICHÉ, D. 941.
PEINE, s.f. D. 487, 592, etc., PAINE, C. 43, D. 89, Sn.[1] 17, 43, etc., PAIGNE, T.[1] 48, PAIGNES, T.[1] 3, PAINNE, T.[1] 72 ; a PAIGNE, T.[1] 227, *à peine.*
PEISANCE, voy Pesance.
PEISSUN, s.m. D. 1656, *poisson.*
PEJUR, adj. au compar. *pire.*

PELS, s.f. pl., Sn.[1] 671, 681, *peaux, manteau de fourrure.*
PENANT, s.m. D. 789, *pénitent.*
PENSÉ, s.m. Sn.[1] 284, 396, T.[1] 249, D. 136, 382, *pensée, idée, souci.*
PENSER, Sn.[1] 651, PENSEIR, Sn.[1] 76 ; poi PENSAI de Sn.[1] 421, *se préoccuper de* ; se Deu n'EN PENSE, D. 1274, *si Dieu ne prend soin de moi* ; infin. pris substantivement, Sn.[1] 397, 406, T.[1] 7, 14, etc.
PENSIF, adj. D. 607, *pensif* ; pris substantivement PENSIS, Sn.[2] 822, *ceux qui sont préoccupés.*
PENUN, s.m. D. 912, *longue banderole fixée à l'extrémité de la lance.*
PERECHUS, s.m. Sn.[1] 838, *paresseux.*
PERGE, voy Pareir.
PERILLER, D. 1643, *faire naufrage.*
PERTUS, s.m. T.[1] 218, *trou.*
PES, voy Pais.
PESANCE, s.f. Sn.[1] 302, 526, D. 147, 733, *peine, chagrin, affliction ;* PEISANCE, D. 486, 1117 ; PESANCHE, C. 44.
PESER, (constr. impers.) ind. pr. PEISE, Sn.[1] 424, D. 694, *cela me pèse* ; Ne vos em PEIST, Sn.[1] 642, *que cela ne vous soit pas pénible.*
PETIT, adj. pris adverbialement, Sn.[1] 84, 516, D. 1234, *peu* ; un PETIT, C. 9, T.[1] 34 ; de ma vie m'est pus PETIT, D. 954, *ma vie compte pour peu désormais.*
PEZ'A, voy Piece.
PIÉ, s.m. T.[1] 219, *pied* ; PÉ, D. 1387 ; pl. PEZ, D. 510, 1612.
PIECE, s.f. *espace de temps* ; adv. PEÇ'A, D. 319 ; PIECH'AD, Sn.[1] 660 ; *il y a longtemps.*
PIECHE, voy Piece.
PIRE, voy Pejur.
PITUS, adj. Sn.[1] 782, D. 1582, *qui fait pitié.*
PITUSEMENT, adv. D. 534, 708, *de manière à faire pitié.*
PLAI, s.m. D. 161, 174, 420, *accord, aussi plaidoyer, discours.*
PLAIDIER, *deviser* ; gér. PLAIDANT, T.[1] 202.
PLAIER, *blesser* ; part. p. PLAIÉ, D. 1053.

PLAISIR, Sn.[1] 117, D. 39, Sn.[2] 833, *plaire* ; ind. pr. PLAIST, D. 187, 1675.
PLEIER, *plier* ; ind. pr. PLEIE, D. 1378.
PLEIN, adj. D. 1714, *plan, uni.*
PLEINS, adj. m. nom. s. D. 435, *plein* ; a PLEIN tref, D. 1318, *à voile déployée.*
PLEINTE, voy Plainte.
PLENER, *de haute taille, fort, vaillant* ; ben PLENERS, D. 915.
PLOVEIR, *pleuvoir* ; ind. pr. PLUET, D. 1601.
PLUREÏZ, s.m. D. 1786, *pleurs, lamentations.*
PLUSURS, adj. Sn.[1] 337, 382, etc., *plusieurs.*
POER, voy Poeir.
POEIR, *pouvoir* ; ind. pr. PUZ, D. 1275.
POESTÉ, s.f. D. 237, *pouvoir.*
POI, adv. Sn.[1] 421, 619, T.[1] 84, 116, D. 104, 351, etc. *peu* ; POY, D. 957 ; a POI ne... D. 632, *peu s'en faut que ... ne,* D. 948, 1728, A POICHE NE 1738, ... *peu s'en faut .. .que ne.*
POIS, voy Puis.
POOR, voy Poür.
POPLE, s.m. nom. POPLES, D. 796, *peuple, foule.*
PORCHACER, voy Purchaceir.
PORTANT, adj. PORTANZ, D. 1536, *favorable* (se dit surtout du vent en mer).
PORTER, s.m. D. 621, *portier.*
PORTER, PORTER fei, Sn.[1] 436, 774, *être fidèle.*
POSE, s.f. D. 724, *espace de temps.*
POSTERNE, s.f. D. 1520, *poterne, porte secrète d'une fortification.*
POÜR, s.f. T.[1] 234, D. 368, *peur, timidité.*
POURUS, adj. T.[1] 64, *peureux.*
POY, voy Poi.
PRAMETRE, *promettre* ; ind. pr. PRAMET, D. 700.
PREIER, D. 1269, D. 582 ; *prier.*
PREISER, *apprécier, priser* ; part. p. m. PREISEZ, D. 806, 1611, etc.
PREMIR, voy Primer.

PRIMER, adj. D. 728, 1304, *premier* ; PREMIR, Sn.[1] 490, *le premier* ; empl. adverbialement, T.[1] 75, D. 13, 317, 340, *premièrement* ; AL PREMIER, Sn.[1] 492, *en premier.*

PRIMEREMENT, adv. D. 334, *premièrement.*

PRIMUR, s.f. *premier commencement ;* AL PRIMUR, Sn.[2] 829, *au début.*

PRIVÉ, adj. D. 472, 742 ; A PRIVÉ, D. 1092, *privément* ; pris substantivement : en sun PRIVÉ, Sn.[1] 283, *dans sa vie particulière.*

PRIVÉ, s.m. D. 1107, *familier, ami.*

PRO, s.m. Sn.[1] 880, *profit.*

PROEISE, s.f. Sn.[1] 196, 527, 727, *prouesse.*

PROVER, *prouver* ; réfl. *se manifester,* PROVEIR, Sn.[1] 595 ; PRUVEZ, C. 13 ; f.s. PROVÉE, C. 26, *prouvée coupable.*

PRUEF, prép. D. 807, *près de.*

PRUVER, voy Prover.

PRUZ, adj. Sn.[1] 667, Str.[1] 52, D. 458, D. 1027, 1042, *preux.*

PUCELAGE, s.m. D. 7, *virginité.*

PUIN, s.m. Sn.[1] 390, *poignet, poing.*

PUINT, part. de nég. D. 332, *point.*

PUIS, adv. Sn.[1] 720, D. 179, etc. *puis* ; PUS, D. 6, 954, Sn.[1] 377, POIS, D. 639, T.[1] 34 ; prép. Sn.[1] 753, D. 21, 1681, *après, depuis ;* PUIS KE, Sn.[1] 802, *après que,* PUS QUE, D. 23.

PULEIN, s.m. D. 247, *poulain.*

PUNG, voy Puin.

PUNT, s.m. D. 1376, *pont.*

PUR, prép. Sn.[1] 8, 9, 17, etc. POR, C. 29, 52, T.[1] 23, 45, *pour, à cause de, à l'occasion de* ; POR ço que, D. 259, T.[1] 147, PUR tant que, D. 819, *parce que.*

PURCHACEIR, Sn.[1] 268, *pourchasser, rechercher, se procurer.*

PURLUINGNIER, *retarder, différer* ; ind. pr. PURLUINIE, D. 976.

PURLUNGANCE, s.f. D. 986, *délai, retard.*

PURPENSER, réfl. D. 492, *projeter, se décider à, réfléchir.*

PURVEER, D. 1573, *discerner, examiner* ; gér. PURVEANT, Str.16, *fouillant du regard.*

PUS, voy Puis.
PUTERIE, s.f. D. 35, *débauche*.
PUUR, voy Pour.

QUANQUE, pron. neutre, C. 20, Sn.[1] 375, T.[1] 33, D. 316, *tout ce que*.
QUANT, pron. indéf. D. 453, *combien*.
QUANT, conj. C. 7, 13, 46, 48, etc. *quand, puisque*.
QUAR, pron. interr. D. 494, *pourquoi*.
QUARANTAIGNE, s.f. T.[1] 226, Go, *quarantaine, service funèbre qui se renouvelle tous les quarante jours ; aussi prières de deuil qui durent 40 jours*.
QUART, adj. D. 1770, *quatrième*.
QUE, pron. interr. neutre, *que, quoi*, Sn. 39, 41, etc. QUE que seit, Sn.[1] 81, 855, *quoi qu'il en soit de*.
QUE, conj. Sn.[1] 15, 16 ; Sn.[1] 140, T.[1] 46, D. 401, Sn.[2] 817, T.[1] 88, *car, parce que ;* D. 875, *sans que ;* QUEL, Sn.[1] 730, contraction de que le.
QUE, pron. rel. voy Qui.
QUE, pron. relatif neutre *que, ce que*, C. 44, Sn.[1] 20, KE, D. 348, etc. ; faire QUE traitre, Sn.[1] 565, *agir en traître* ; faire QUE fole, D. 395, *agir en folle*.
QUER, voy Cuer.
QUERRE, C. 27, Sn.[1] 90, Str.[1] 2, D. 61, 126, *chercher*.
QUIDIER, *croire, penser ;* ind. pr. QUID, Sn.[1] 33, D. 152, QUI (f. normande quier) D. 1413.
QUIL, voy Le.
QUIN, voy En.
QUINTAINE, s.f. Sn.[1] 379, *poteau ou mannequin qui servait à l'exercice de la lance*.
QUISSE, voy Cuisse.
QUITE, adj. *absous, quitte ;* Clamer QUITTE, Sn.[1] 21, T.[1] 115, *déclarer qu'on renonce*.

RAI, voy Roi.
RAIGNE, s.f. T.[1] 201, *rêne*.
RAÏNE, s.f. T.[1] 94, 121, *reine* ; REÏNE, Sn.[1] 174, 206, etc.
RAISUN, s.f. Sn.[1] 134, etc. *raison* ; Sn.[1] 596, *ce qui est raisonnable, ce qui est juste*.

RAMPONER, Sn.[1] 884, *quereller, insulter.*

RAVEIR, *ravoir, avoir de son côté* ; fut. RAVRUM, Sn.[1] 643 ; ind. pr. RAD, D. 485 (voy Re-).

RE-, le préfixe RE- a quelquefois une valeur adversative : *d'autre part, de son côté,* REFAIT, Sn.[1] 361, D. 1557, REDEI, Sn.[1] 437, REST, T.[1] 157, D. 487, REPOT, D. 1095 (presque explétif).

RECEIVRE, *recevoir* ; subj. imp. RECEUSE, Sn.[1] 876.

RECONUISTRE, *reconnaître* ; pf. RECONNUT, D. 530.

RECORDER, act. et neutre, *remettre en mémoire, se souvenir, s'instruire* ; ind. pr. RECORD, Sn.[1] 822.

RECOVRER, *recouvrir* ; ind. pr. RECOVREZ, D. 1480.

RECOVRER, s.m. D. 1385, *ressource.*

RECRAANT, voy Recreant.

RECREANT, adj. Sn.[1] 714, *lâche, qui se livre à merci, misérable.*

RECREANTISE, s.f. Sn.[1] 528, 534, *lâcheté, pusillanimité.*

REDEVEIR, voy Re- ; ind. pr. REDEI, Sn.[1] 437.

REDUTER, *redouter* ; ind. pr. REDUTE, D. 1083.

REFAIRE, voy Re- ; ind. pr. REFAIT, Sn.[1] 361, D. 1557, *fait de son côté.*

RELESSER, D. 838, *laisser de côté.*

REMANEIR, *rester* ; ind. pr. REMAINT, D. 483.

REMENER, *ramener, conduire* ; subj. pr. REMAINT, D. 1299.

REN, voy Rien.

REPEIRER, D. 1278, *revenir, retourner.*

REPOEIR, voy Re- ; pf. REPOT, D. 1095, *put de son côté.*

REPROVER, s.m. Sn.[1] 498, D. 188, *action qui mérite des reproches.*

REPROVER, D. 692, *reprocher.*

REQUERE, Sn.[1] 665, 717, 798, *requérir, rechercher, demander.*

RESPIT, s.m. RESPIZ, D. 1281, *répit, délai.*

RESTER ; ind. pr. REST, T.[1] 157, D. 487, *est de son côté,* voy aussi RE-

RETRAIRE, Sn.[1] 45, 157, etc., *retirer, raconter* ; avant RETRAIRE, D. 464, *prolonger.*

RIDER, *voguer* ; gér. RIDANT, D. 1603.

RIEN, s.f. Sn.[1] 86, 785, T.[1] 57, 190, etc. REN, D. 72, etc. *chose.*
RIS, s.m. T.[1] 235, 239, *éclat de rire.*
RIVE, s.f. D. 1554, 1589, *rivage* (de la mer).
ROCTE, voy Rote.
ROIÉ, adj. *orné de raies* ; palie ROIÉ D. 1777.
ROSEL, s.m. *sorte de joûte avec des roseaux,* pl. ROSELS, Sn.[1] 380, ROSEALS, D. 804.
ROTE, s.f. Str.[1] 23, 35, *troupe, cortège, compagnie,* ROCTE, Str.[1] 16, 17, 33.
ROVEIR, *demander* ; ind. pr. RUIS, Sn.[1] 96.
RUER, *frapper* ; part. p. RUEZ, D. 1045.
RUMPRE, *rompre* ; ind. pr. RUMPENT, D. 1602.
RUTE, voy Rote.

SACHER, *ôter, enlever, tirer* ; part. p. SACHÉ, Sn.[1] 392 ; inf. pris substantivement, Sn.[1] 391.
SAILLIR, *sauter, surgir* ; ind. pr. SAUT, T.[1] 219.
SAISIR, réfl. *prendre possession de* ; pf. SAISI, D. 1246.
SALE, s.f. D. 637, *salle.*
SALF, adj. D. 1299, *sauf.*
SALU, s.m. D. 922, 1199, 1203, *salutation* ou *salut.*
SALVER, *sauver* ; subj. pr. SALT, D. 1760.
SAMIT, s.m. D. 1776, *étoffe de soie ou de velours.*
SANER, *guérir* ; part. p.f. SANÉE, D. 1500.
SANZ, voy Senz.
SARCU, s.m. D. 1651, *cercueil.*
SAUZ, s.m. D. 801, *saut.*
SAVEIR, Sn.[1] 71, 174, etc., savoir, FAIRE SAVEIR, Sn.[1] 277, *faire ce qui est raisonnable.*
SE, conj., voy Si.
SEANT, Sn.[1] 390, *qui sied.*
SECLE, s.m. D. 614, 1101, *la vie terrestre, le siècle, la vie dans le monde par opposition à la vie monastique.*
SEEIR, *s'asseoir, être assis,* SEOIR, T.[1] 28 ; v. réfl., D. 622, *séjourner.*
SEGREI, s.m. D. 190, 791, *secret.*
SEIC, adj. *sec* ; fém. SEICHE, D. 627.
SEIE, s.f. D. 1189, 1310, *soie.*

SEIN, adj. empl. substantivement D. 568, 1299, *sain*, ou *celui qui est sain.*

SEINT, adj. f. D. 570, *saint.*

SEING, s.m. *cloche.*

SEIR, s.m. D. 1515, *soir.*

SELER, voy Celer.

SEMBLANCE, s.f. Sn.[1] 558, *prétexte* ; SENBLANCE, D. 410, *apparence.*

SEMBLANT, s.m. T.[1] 53, D. 1353, *mine, ressemblance, image* ; faire SEMBLANT, C. 15, D. 402, *laisser voir, témoigner* ; faire SEMBLANT, D. 1346, *faire comme si.*

SEN, s.m. D. 632, 1143, *bon sens, intelligence, sagesse, savoir, jugement, sentiment.*

SENESTRE, adj. *gauche* ; a SENESTRE, Str.[1] 32, *àgauche.*

SENESTRER, *conduire le cheval de la dame en se tenant sur sa gauche* ; ind. pr. SENESTRE, T.[1] 201.

SENTE, s.f. D. 913, *sentier.*

SENZ, prép. Sn.[1] 201, etc. *sans* ; SANZ, T.[1] 128, 137.

SEREMENT, s.m. D. 235, 764, 821, *serment.*

SERF, s.m. pl. SERS, D. 17.

SERJANT, s.m. D. 535, 1774, *serviteur, homme de troupe.*

SERUR, voy Sorur.

SERVISE, s.m. Sn.[1] 375, 533, D. 31, 418, *service en général* ou *service de la messe.*

SET, numér. D. 1051, *sept.*

SEUR, adj. *sûr, à qui l'on peut se fier* ; SEURS, D. 165.

SEUS, s.m. pl. SEUZ, Str.[1] 26, *chien de chasse.*

SEVAUS, adv. T.[1] 118, *du moins* ; SEVEALS, D. 670.

SEVRANCE, s.f. Sn.[1] 408, D. 1244, *séparation.*

SEVRER, D. 210, *séparer.*

SI, pron. poss. voy. Ses.

SI, adv. d'intensité ou de manière, C. 47, Sn.[1] 117, T.[1] 51, D. 256, 1653, *si, ainsi* ; particule explétive servant de copule : Sn.[1] 89, 574, T.[1] 19, D. 406, etc., E SI, Sn.[1] 27, T.[1] 171, *pourtant,* SIL, (si le) D. 538, 636, SIN (si en) D. 525, 624.

SI, conj. de condition, Sn.[1] 55, 79, D. 202, SE, Sn.[1] 31, 62, etc. D. 289, S', C. 22, Sn.[1] 34, etc., SE ... NON, T.[1] 60, 156, etc. *sinon*, SE, Sn.[1] 400, *quand même.*

SIECLE, voy Secle.

SIEVRE, (*siovre* ?) C. 28, *suivre* ; ind. pr. SUIT, D. 545.

SIGLE, s.m. ou f. D. 1296, 1595, *voile.*

SIGLER, D. 1368, *faire voile.*

SIGNEFIER, *signifier* ; ind. pr. SIGNEFIE, Sn.[1] 821.

SIL, voy Si, adv. explétif.

SIN, voy Si, adv. explétif.

SIS, pron. poss. voy Ses.

SIS, num. D. 1026, *six.*

SOFFIRE, *suffire* ; ind. pr. SOFFIT, T.[1] 84.

SOI, voy Se.

SOLEIR, *avoir coutume* ; ind. pr. SOLT, Sn.[1] 704.

SOLUNC, prép. Sn.[1] 376, *selon* ; SULUN, D. 847, 848.

SONEÏZ, D. 1785, *sonnerie (de cloches).*

SOR, voy Sur.

SORUR, s.f. obl. s. T.[1] 235, 244, *sœur,* SERUR, D. 1250, 1285.

SOUL, voy Sul.

SOVENIR, impers. et réfl. ; *souvenir* ; ind. pf. SOVINT, T.[1] 251.

SOVEREIN, adj. Sn.[1] 698, *celui qui dirige, souverain.*

SOZ, prép. T.[1] 105, *sous.*

SPUSE, s.f. *épouse,* ma SPUSE, Sn.[1] 495.

SUCURIR, *secourir* ; ind. pr. SUCUREZ, D. 1479.

SUE, pron. poss. adj. et subst. ton. f.s. Sn.[1] 693, 877, D. 146, 1261, *sienne, sa* ; SUENS, Sn.[1] 60, *sien.*

SUEF, adj. D. 655, 1306, 1669, 1714, *doux* ; adv. D. 1730, *doucement.*

SUEN, pr. poss., voy SUE.

SUER, voy Sorur.

SUJORNER, *séjourner* ; part. p. SUJORNÉ, Sn.[1] 810.

SUJUR, s.m. *séjour* ; estre a SUJUR, D. 894, *séjourner en un lieu.*

SUL, adj. D. 443, *seul,* SOUL, T.[1] 178, SUZ, D. 1434, f. SULE Sn.[1] 25, SOULE T.[1] 168 ; pris adverbialement, Sn.[1] 652, T.[1] 82.

SULEIR, voy Soleir.
SULMENT, voy Sulement.
SULEMENT, adv. D. 1126, 1135, 1562, *seulement*.
SULUN(C), Voy Solunc.
SUME, s.f. Str.[1] 7, *résumé*.
SUMIER, s.m. Str.[1] 30, *bête de somme*.
SUMUNDRE, *avertir, exciter* ; ind. pr. SUMUNT, D. 1458.
SUN, s.m. Str.[1] 53, 57, *chant, musique, bruit* (de cliquette).
SUNER, D. 1800, *proférer un son*.
SUPRIS, voy Surprendre.
SUR, prép. Sn.[1] 138, 493, etc., SUR ço Sn.[1] 138, *et après cela*.
SURPRENDRE, part. p. SUPRIS, Sn.[1] 473, 783, SUSPRIS, D. 501, SUPPRIS, D. 1222, Aux v, Sn.[1] 473, D. 501, 1222, *épris d'amour*.
SURVEEIR, Str.[1] 23, *voir d'en haut*.
SUS, adv. C. 10, T.[1] 219, *en haut*, SUZ, D. 720.
SUSPECION, s.m. ou f. T.[1] 59, SUSPECIUN, D. 366, SUSPEÇUN, D. 1286, *soupçon*.
SUSPIR, s.m. Sn.[1] 410, D. 757, *soupir*.
SUSPRIS, voy Surprendre.
SUSTRAIRE, *enlever* ; part. p.f. SUSTRAITE, D. 111.
SUVENIR, voy Sovenir.
SUZ, prép. D. 585, 598, 604, *sous* ; SUZ la parei, D. 1104, 1108, 1336, *au pied du mur*.
SUZ, adv. voy Sus.

TAI, s.m. T.[1] 217, *boue*.
TALENT, s.m. Sn.[1] 170, T.[1] 167, D. 794, *désir* ; T.[1] 78, *jouissance*.
TANT, adv. Sn.[1] 7, 31, 39, etc. ; ne TANT ne quant, Sn.[1] 808, *ni peu ni beaucoup, point du tout* ; TANT cum, Sn.[1] 564, *aussi longtemps que* ; a TANT, D. 828, *néanmoins* ; par TANT, Sn.[1] 156, *pourtant* ; par TANT, Sn.[1] 336, D. 718, *par là, ainsi* ; TANT cum, D. 1531, *aussi longtemps (loin) que*.
TART, adv., D. 684, *tard*.

TASSEL, s.m. Sn.[1] 682, 702, *pièce d'étoffe faite pour couvrir l'échancrure du corsage.*

TEINDRE, neutre, *changer de couleur* ; ind. pr. TEINT, D. 1071 ; TEINT, D. 705, 790, *pâle.*

TEINT, s.m. D. 911, *peinture, couleur.*

TENDROUR, s.f. C. 47, *tendresse, compassion.*

TENS, s.m. T.[1] 193, D. 1599, Sn.[2] 790, etc. *temps.*

TERE, s.f. Sn.[1] 666, 674, etc. TERRE, Sn.[1] 859, T.[1] 164, D. 60, 91, etc. *pays.*

TERME, s.m. Sn.[1] 369, D. 1689, *terme, temps.*

TIRER, ind. pr. TIRE, T.[1] 82, *se détacher de.*

TOLAGE, s.m. D. 1006, *enlèvement, rapt.*

TOLIR, Sn.[1] 306, *enlever, prendre par force* ; ind. pr. TOLT, Sn.[1] 598, 599.

TOTE, voy Tut.

TRAINANT, adj. Sn.[1] 672, *traînant, long.*

TRAÏR, Sn.[1] 462, D. 58, 185, *trahir* ; part. p. TRAÏZ, D. 182.

TRAIRE, Sn.[1] 110, 806, D. 37, 1064, act. et réfl. *tirer, attirer, retirer.*

TRAÏSUN, s.f. D. 162, *trahison.*

TRAÏTRE, s.m. Sn.[1] 565, faire que TRAÏTRE, *agir en traître.*

TRAMETTRE, *envoyer.*

TRAVAIL, s.m. Sn.[1] 633, D. 603, *effort, fatigue.*

TRAVAILLIER, Sn.[1] 638 ; neutre et réfl. *peiner, s'efforcer.*

TREF, s.m. D. 1290, 1305, *mât, vergue.*

TREIS, num. Sn.[1] 640, TREI, D. 1769, *trois.*

TREIT, s.m. D. 1525, *reflux.*

TRESPASSER, *passer* ; ind. pr. TRESPASSE, Sn.[1] 385.

TRESQUE, prép. Sn.[1] 718, D. 545, *jusqu'à, jusque* ; TRES QUE, conj. D. 269, 449, 1347, etc., *dès que, aussitôt que.*

TRESTUR, s.m. D. 831, *chemin détourné.*

TRESTUT, adj. D. 617, 648, TRESTUIT, Sn.[1] 724, *tout entier* ; pl. TRESTUZ, Sn.[1] 678, D. 892, *tous tant qu'ils sont.*

TRIBLER, *broyer* ; ind. pr. TRIBLENT, D. 1065.

TRICHERIE, s.f. Sn.[1] 81, TRISCHERIE, T.[1] 31, *tromperie.*

TRISTUR, s.f. T.[1] 73, D. 314, 483, *tristesse.*

TRUBLER, *devenir trouble* ; ind. pr. TRUBLE, D. 1599.

TUIT, TUIZ, voy Tut.

TURNEIER, D. 890, *prendre part à un tournoi.*

TUT, pron. indéf. adj. ou subst. *tout* ; Sn.[1] 568, T.[1] 170, D. 5, 498, TUIT, Sn.[1] 372, 533, TUZ, D. 462 ; D. 62, etc., TUIZ, Sn.[1] 16, 500, etc. ; TOTE, D. 773 ; del TUIT, Sn.[1] 47, *entièrement* ; par TUIT, Sn.[1] 776, *partout* ; TUIT DIZ (dis) Sn.[1] 40, 240, TUZ DIS, D. 275, *toujours.*

TUT, adv. D. 26, 349, *entièrement* ; TUIT, Sn.[1] 417, 701 ; TUIT ensement, Sn.[1] 837, TUIT issi, D. 683, *pareillement* ; TUIT en oust ele, Sn.[1] 93, *même si elle en avait ...* ; TUIT pur aveir, Sn.[1] 260, *même si elle obtenait* ;TUIT ne puisse il T.[1] 135, *bien qu'il ne puisse.*

UI, adv. Sn.[1] 870, D. 11, 578, *aujourd'hui.*

ULTRE, prép. Sn.[1] 136, *outre.*

ULTRER, *dépasser* ; part. p. ULTREE, Str.[1] 17.

UM, pr. ind. Str.[1] 5, *on.*

UN, art. indéf. neutre. C. 9 ; UNS, Sn.[1] 796, D. 1656 ; f. collectif UNES, Sn.[1] 671 ; estre A UN, Sn.[1] 367, *être d'accord.*

UNC, voy Unques.

UNCQUES, voy Unques.

UNDE, s.f. D. 1307, 1597, *onde.*

UNIR, *unifier, faire un tout* ; ind. pr. UNI, D. 836 ; part. p. en UNI dire, D. 839.

UNKES, Unques.

UNQUES, adv. Sn.[1] 552, 628, T.[1] 70, 254, D. 22, 84, etc., *jamais, une fois.*

URAILLE, s.f. D. 1023, *bord, lisière.*

URE, s.f. D. 3, 613, 1225, ORE, D. 21, *heure.*

URLE, s.f. et m. Sn.[1] 682, 689, *bordure d'un vêtement.*

US, s.m. Sn.[1] 426, D. 581, 1350, *huis.*

US, s.m. Sn.[1] 237, 240, D. 242, *usage.*

VAILLANT, adj. Str.[1] 59, D. 61 ; f. VAILLANTE, D. 108, 1381, *qui a de la valeur.*

VAINTRE, voy Veintre.

VAIR, s.m. D. 910, *terme de blason* ; *un des métaux disposés en pièces opposées de couleurs différentes.*

VALUR, s.f. Sn.[1] 529, 675, D. 1028, *valeur.*

VANCIER, Sn.[1] 297, *avantager*.
VARLET, s.m. Str.[1] 20, VATLET, 25, *valet*.
VASALAGE, s.m. D. 45, *courage guerrier*.
VASSAL, adj. D. 1027, *brave, vaillant*.
VEEIR, Str.[1] 2, 3, 4, *voir*, VEER, D. 520, 896, VEIENT, D. 899, *concevoir*.
VEIE, s.f. Str.[1] 13, D. 1162, *chemin, voie*.
VEINTRE, Sn.[1] 707, *vaincre*.
VEIR, adj. Str.[1] 61, D. 756, *vrai*, pur VEIR, D. 453, 740, *vraiment, exactement* ; vos dites VEIR, Sn.[1] 825, en VEIR, Sn.[1] 871, pur VEIR creez, D. 348.
VELTRIER, s.m. Str.[1] 27, *valet de chiens*.
VENGEMENT, s.m. Sn.[1] 215, 353, D. 65, *vengeance*.
VENIM, s.m. D. 1048, 1060, *venin*.
VENTER, impers. *faire du vent* ; ind. prés. VENTE, D. 1730.
VERAI, adj. T.[1] 240, D. 1219, Sn. [2] 807, *vrai*.
VERTÉ, s.f. D. 263, *vérité*.
VERTIR, D. 510, *tourner* ; a dans ce vers le sens spécial de *dévier comme par suite de la lèpre*.
VERUR, s.f. Sn.[1] 660, D. 412, 880, Sn.[2] 828, *vérité*.
VESCUNTE, s.m. D. 1406, *vicomte*.
VIAZ, adv. Sn.[1] 885, *vivement, avec empressement*.
VIEL, adj. D. 242, 596, *vieux*, VELZ, D. 627.
VIELUR, s.m. D. 772, *joueur de vielle*.
VIF, adj. *vivant* ; VIS, Sn.[1] 658.
VILAIN, s.m. D. 567, *paysan* (employé comme injure).
VILANIE, s.f. Sn.[1] 243, 624, D. 292, *conduite basse ou grossière, déshonneur*.
VILEMENT, adv. D. 75, 587, *bassement, vilainement*, VILMENT, D. 1231.
VILTÉ, s.f. D. 69, *opprobre*.
VIS, s.m. D. 507, 556, *visage*.
VOIZ, s.f. Sn.[1] 792, 794, *voix*, VUIZ, D. 532.
VOLAIR, *vouloir* ; T.[1] 92, 162, etc.
VOLENTÉ, s.f. Sn.[1] 72, 202, D. 1678, etc. *volonté*.
VOLENTERS, adv. D. 1015, *volontiers*.
VOU, s.m. D. 764, *vœu*.

VOZ, pron. poss. atone ; empl. pour la forme tonique : les voz, Sn.[1] 850.

VUIDE, adj. f. D. 374, 376, *vide.*

VUIZ, voy Voiz.

WACRER, *errer sur mer, louvoyer ;* gér. WACRANT, D. 1604, 1721.

WAGE, s.f. D. 1608, *vague.*

WALEIS, adj. D. 801, *gallois.*

WALOS, voy Gualos.

WAVELEIS, adj. D. 802, sauz WAVELEIS, nom d'un exercice de gymnastique dont l'étymologie et le sens sont incertains.

YSNELEMENT, adv. D. 1526, *rapidement.*

INDEX DES NOMS PROPRES

TABLE DES MATIÈRES

TEXTES LITTÉRAIRES FRANÇAIS

Collection fondée en 1945

1. Alain Chartier. *La belle dame sans mercy*, publ. par A. Piaget, 2e éd., XV-129 pages.
2. Fr. Rabelais. *Pantagruel*, publ. par V.L. Saulnier ; LIII-225 p.
3. Marguerite de Navarre. *Le Théâtre profane*, publ. par V.-L. Saulnier ; XXV-357 pages.
4. P. Corneille. *Rodogune*. Tragédie, publ. par Jacques Scherer ; XXXIV-134 pages.
5. Voltaire. *Sémiramis*. Tragédie en vers et en 5 actes, publ. par J.-J. Olivier ; XI-95 pages.
6. Voltaire. *Zadig ou la destinée*, histoire orientale, publ. par V.L. Saulnier ; XXXVII-103 pages.
7. Th. Gautier. *La préface de Mlle de Maupin*, publ. par G. Matoré ; LX-107 pages.
8. H. de Balzac. *Illusions perdues*. I : *Les deux poètes*, publ. par G. Mayer ; XXXII-202 pages.
9. J. Lemaire de Belges. *La Concorde des deux langages*, publ. par J. Frappier ; LVIII-112 pages.
10. Fr. Rabelais. *Le Quart Livre*, publ. par R. Marichal ; XXXVIII-413 pages.
11. J. du Bellay. *Les Antiquitez et les Regrets*, publ. par E. Droz, 2e éd., XXII-163 pages.
12. J. du Bellay. *Divers jeux rustiques*, publ. par V.L. Saulnier ; LXVIII-220 pages.
13. P. de Ronsard. *Les sonnetz pour Hélène*, publ. par J. Lavaud ; XXIV-136 pages..
14. Chateaubriand. *René*, publ. par Armand Weil ; XXXIII-147 p.
15. Th. Gautier. *Emaux et Camées*, publ. par J. Pommier et G. Matoré ; XV-210 pages.
16. Prosper Mérimée. *Colomba*, publ. par P. Jourda ; XXXII-188 p.
17. H. de Balzac. *L'Eglise*, publ. par J. Pommier ; XXIX-108 pages.
18. A. de Vigny. *Les destinées*, publ. par V.L. Saulnier ; LVIII-238 p.
19. J. Lemaire de Belges. *Les Epitres de l'amant vert*, publ. par J. Frappier ; XLIX-102 pages.
20. Aubigné. *Le Printemps*, I, *L'Hécatombe à Diane*, introd. par B. Gagnebin ; XXVI-157 pages.
21. Montesquieu. *Histoire véritable* publ. par Roger Caillois ; XXIII-83 pages.
22. Rousseau. *Lettre à M. d'Alembert sur les spectacles*, publ. par M. Fuchs ; XLVIII-208 pages.
23. Rousseau. *Les Rêveries du promeneur solitaire*, publ. par Marcel Raymond ; LXVIII-225 pages.
24. Mallarmé. *Dix poèmes*, publ. par E. Noulet ; XV-155 pages.
25. *Textes d'étude* (842-1490), publ. par R. L. Wagner ; XLIII-206 p.
26. Fr. Rabelais. *L'Abbaye de Thélème*, publ. par R. Morçay, 2e éd., XXXVIII-40 pages.
27. P. Corneille. *Clitandre ou l'innocence délivrée*. Tragi-comédie, publ. par R. L. Wagner ; XV-151 pages.
28. Gérard de Nerval. *Les Chimères*, publ. par J. Moulin ; LIII-94 pages.
29. J. du Bellay. *Défence et illustration de la langue françoyse*, publ. par F. Desonay.

30. P. de Tyard. *Solitaire premier*, publ. par S. F. Baridon ; XXX-83 pages.
31. J.-P. Camus. *Agathonphile*, publ. par Pierre Sage ; LXXIV-152 p.
32. P. Corneille. *Mélite ou les fausses lettres*. Pièce comique, publ. par M. Roques et Marion Lièvre ; XLIII-147 pages.
33. Mme de Lafayette. *La princesse de Clèves*, publ. par E. Magne : XXXV-266 pages.
34. Molière. *Amphitryon*. Comédie publ. par P. Mélèse ; XXX-121 p.
35. La Fontaine. *Discours à Madame de la Sablière sur l'âme des animaux*, publ. par H. Busson et F. Gohin ; 107 pages.
36. Diderot. *Pensées philosophiques*, publ. par R. Niklaus ; XXXVI-69 pages.
37. Diderot. *Le neveu de Rameau*, publ. par J. Fabre ; XCV-331 p.
38. Voltaire. *Lettres inédites aux Tronchin*, introd. par B. Gagnebin, 3 volumes.
39. Benjamin Constant. *Adolphe*, publ. par F. Baldensperger ; XXXII-123 pages.
40. H. de Balzac. *Un début dans la vie*, publ. par G. Robert et G. Matoré ; LXV-251 pages.
41. P. de Ronsard. *Le second livre des amours*, publ. par A. Micha ; XLIV-227 pages.
42. Th. de Viau. *Œuvres poétiques*, I, publ. par J. Streicher ; XXI-215 pages.
43. Molière. *L'Estourdy ou les contretemps*. Comédie, publ. par P. Mélèse ; XXVI-136 pages.
44. Diderot. *Lettre sur les aveugles à l'usage de ceux qui voient*, publ. par R. Niklaus ; LXVIII-124 pages.
45. H. Dieckmann. *Inventaire du fonds Vandeul et Inédits de Diderot* ; XLIX-285 pages.
46. Aubigné. *Le Printemps*, II, *Stances et Odes*, introd. par F. Desonay ; XLIV-216 pages.
47. Voltaire. *Lettres inédites à son imprimeur Gabriel Cramer*, publ. par B. Gagnebin ; XLIII-316 pages.
48. Benjamin Constant. *Lettres à Bernadotte*, publ. par B. Hasselrot ; LXIV-47 pages.
49. A. de Vigny. *Lettres d'un dernier amour. Correspondance inédite avec Augusta*, publ. par V.L. Saulnier ; XVI-158 pages.
50. Apollinaire. *Textes inédits*, publ. par J. Moulin ; XVIII-194 p.
51. Maistre Pierre Pathelin, Reproduction en fac-similé de l'édition Pierre Levet. Paris, vers 1486 ; X-82 pages.
52. P. de Ronsard. *Les Bacchanales*, publ. par A. Desguine ; 384 p.
53. J. B. Chassignet, *Le Mespris de la vie et consolation contre la mort*, publ. par A. Muller, 160 pages.
54. Abbé Prévost. *Histoire du chevalier Des Grieux et de Manon Lescaut*, publ. par G. Matoré ; XLII-235 pages.
55. Voltaire. *Le Temple du goût*, publ. par E. Carcassonne ; 203 p.
56. Chateaubriand. *Lettre à M. de Fontanes sur la Campagne romaine*, publ. par J. M. Gautier ; XCI-78 pages.
57. J. K. Huysmans. *Lettres inédites à Emile Zola*, publ. par P. Lambert ; XXXI-156 pages.
58. *La Mort le roi Artu*, roman du XIIIe siècle, publ. par J. Frappier ; XXXIX-308 pages.
59. R. Belleau. *La Bergerie*, publ. par D. Delacourcelle ; 153 p.
60. P. Corneille. *La Veuve ou le traitre puni*. Comédie, publ. par M. Roques et Marion Lièvre ; XLIV-154 pages.
61. Montesquieu. *Les lettres persanes*, publ. par Antoine Adam ; XXVIII-434 pages.

62. Abbé Bougeant. *Amusement philosophique sur le langage des bêtes*, publ. par H. Hastings ; 117 pages.
63. Lamartine. *La Chute d'un ange. Fragment du Livre primitif*, publ. par M.-F. Guyard ; 250 pages.
64. Gautier de Coincy. *Miracles Nostre Dame*, I, p. p. F. V. Koenig ; LIII-177 pages.
65. Marivaux. *Le petit-maître corrigé*, p. p. F. Deloffre ; 296 pages.
66. Diderot. *Supplément au Voyage de Bougainville*, publ. par Herbert Dieckmann ; 244 pages.
67. Napoléon. *Inédits et variantes*, publ. par N. Tomiche ; 200 p.
68. Marivaux. *Le Télémaque travesti*, publ. par F. Deloffre ; 380 p.
69. Vauquelin de la Fresnaie. *Les Foresteries*, publ. par Marc Bensimon ; 200 pages.
70. E. Pasquier. *Choix de lettres sur la littérature, la langue et la traduction*, publ. par D. Thickett, 196 pages.
71. Ch. de Troyes. *Le roman de Perceval ou le conte du graal*, publ. par W. Roach, 332 pages.
72. Saint Jean de Brébeuf. *Les Relations de ce qui s'est passé au pays des Hurons* (1635-1648), publ. par Th. Besterman ; 256 p.
73. J. K. Huysmans. *Lettres inédites à Camille Lemonnier*, p. par Gustave Vanwelkenhuyzen ; 160 pages.
74. *L'Estoire de Griseldis*, en rimes et par personnages (1395), publié par Mario Roques, 157 pages.
75. Voltaire. *L'Ingénu*, p. par W. R. Jones ; 192 pages.
76. Jean Lemaire de Belges. *Le Temple d'honneur et de vertus*, publ. par Henri Hornik ; 120 pages.
77. Marie de France. *Le lai de Lanval*, p. par J. Rychner, accompagné du texte norrois et de sa traduction française par Paul Aebischer, 126 pages.
78. Ph. Desportes. *Cartels et Mascarades. Epitaphes*, p. par V. E. Graham, 120 pages.
79. Th. de Viau. *Œuvres poétiques*, t. II, publ. par Jeanne Streicher, 285 pages.
80. Pierre Sala, *Tristan*, roman d'aventures du XVIe s., publ. par L. Muir. 265 pages.
81. *Le Lyon coronné* (1467), texte bourguignon inédit, publié par Kenneth Urwin. 96 pages.
82. Madame de Stael, *De la Littérature considérée dans ses rapports avec les institutions sociales*, publ. par P. Van Tieghem, 2 vol.
83. Henri Baude. *Dictz moraulx pour faire tapisserie* (vers 1470), publ. par A. Scoumanne, 140 pages.
84. *La farce du pauvre Jouhan*, pièce comique du XVe siècle, publ. par E. Droz et Mario Roques, 64 pages.
85. Ph. Desportes. *Les amours de Diane*, I, publ. par V.E. Graham, 200 pages.
86. Ph. Desportes. *Les amours de Diane*, II, p. par V.E. Graham, 140 pages.
87. *Roman d'Erec en prose*, p. par C.E. Pickford, 256 pages.
88. Ballanche. *La Théodicée* et la *Vierge romaine*, textes inédits p. p. O.A. Haac. Préface de M. Maurice Levaillant, 144 pages.
89. P. Corneille. *Sertorius*. Tragédie, publ. par Jeanne Streicher ; 160 pages.
90. Thomas Corneille. *Le Berger extravagant*, pastorale burlesque publ. par F. Bar, 200 pages.
91. *Le Docteur amoureux*, comédie du XVIIe siècle présentée par A.J. Guibert, reproduction en facsimilé, XXII-72 pages.
92. *Fragments du Roman de Tristan*. Poème du XIIe siècle publ. par B.H. Wind, 216 pages.